# MARCO POLO

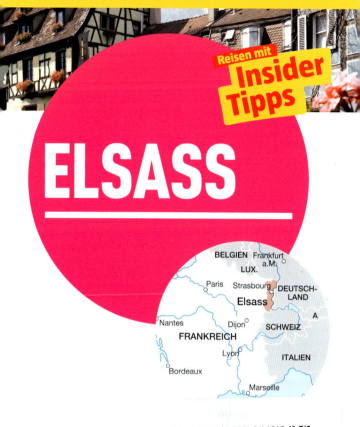

# ELSASS

**Reisen mit Insider Tipps**

**MARCO POLO Autor
Pascal Cames**

Der in Baden lebende Journalist Pascal Cames schreibt für Zeitungen in Süddeutschland über Kulinarisches, Wanderungen, Freizeit und Kultur und stellt Menschen aus dem Elsass vor. Dabei erlebt er immer wieder Überraschungen, denn das Land mit seiner einzigartigen Doppelkultur ist traditionsbewusst und modern zugleich. Sein Fazit: „Das Elsass l(i)ebt seine Widersprüche."

**www.marcopolo.de/elsass**

← UMSCHLAG VORN: DIE WICHTIGSTEN HIGHLIGHTS

Die besten Insider-Tipps → S. 4

INSIDER TIPP

Best of ... → S. 6

Nordelsass → S. 32

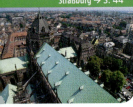

Straßburg → S. 44

| | |
|---|---|
| 4 | **DIE BESTEN INSIDER-TIPPS** |
| 6 | **BEST OF ...** |
| | ● TOLLE ORTE ZUM NULLTARIF S. 6 |
| | ● TYPISCH ELSASS S. 7 |
| | ● SCHÖN, AUCH WENN ES REGNET S. 8 |
| | ● ENTSPANNT ZURÜCKLEHNEN S. 9 |
| 10 | **AUFTAKT** |
| 16 | **IM TREND** |
| 18 | **STICHWORTE** |
| 24 | **ESSEN & TRINKEN** |
| 28 | **EINKAUFEN** |
| 30 | **DIE PERFEKTE ROUTE** |
| 32 | **NORDELSASS** |
| | HAGUENAU, SAVERNE, WISSEMBOURG |
| 44 | **STRASSBURG** |
| 60 | **COLMAR & WEINSTRASSE** |
| | COLMAR, SÉLESTAT |

**SYMBOLE**

INSIDER TIPP  Insider-Tipp

★  Highlight

●●●●  Best of ...

⊻  Schöne Aussicht

☺  Grün & fair: für ökologische oder faire Aspekte

(\*)  kostenpflichtige Telefonnummer

**PREISKATEGORIEN HOTELS**

€€€  über 120 Euro

€€  80–120 Euro

€  unter 80 Euro

Die Preise gelten pro Nacht für zwei Personen im Doppelzimmer ohne Frühstück

**PREISKATEGORIEN RESTAURANTS**

€€€  über 40 Euro

€€  25–40 Euro

€  unter 25 Euro

Preise für ein Dreigängemenü ohne Getränke. Mittags gibt es häufig ein günstigeres Menü

Titelthemen: Radtour durch das „Krumme Elsass" S. 88 | Straßburg vom Wasser aus S. 55

# INHALT

Colmar & Weinstraße → S. 60

**MULHOUSE & DER SÜDEN** 76
MULHOUSE

**AUSFLÜGE & TOUREN** 88
**SPORT & AKTIVITÄTEN** 94
**MIT KINDERN UNTERWEGS** 98
**EVENTS, FESTE & MEHR** 102
**ICH WAR SCHON DA!** 104
**LINKS, BLOGS, APPS & MORE** 106
**PRAKTISCHE HINWEISE** 108
**SPRACHFÜHRER** 112

**REISEATLAS** 116

**REGISTER & IMPRESSUM** 130
**BLOSS NICHT!** 132

Mulhouse & der Süden → S. 76

Ausflüge & Touren → S. 88

Reiseatlas → S. 116

**GUT ZU WISSEN**
Geschichtstabelle → S. 12
Der vierfache Hans → S. 20
Spezialitäten → S. 26
Bücher & Filme → S. 58
Transhumance – Almauftrieb → S. 69
Erinnerungskultur → S. 74
Flammkuchen → S. 85
Was kostet wie viel? → S. 109
Wetter in Straßburg → S. 110

**KARTEN IM BAND**
(118 A1) Seitenzahlen und Koordinaten verweisen auf den Reiseatlas
(U A1) Koordinaten für die Karte von Straßburg im hinteren Umschlag
(0) Ort/Adresse liegt außerhalb des Kartenausschnitts
Es sind auch die Objekte mit Koordinaten versehen, die nicht im Reiseatlas stehen

**UMSCHLAG HINTEN: FALTKARTE ZUM HERAUSNEHMEN →**

**FALTKARTE**
(📖 A–B 2–3) verweist auf die herausnehmbare Faltkarte
(📖 a–b 2–3) verweist auf die Zusatzkarte auf der Faltkartenrückseite

2 | 3

# Die besten MARCO POLO Insider-Tipps

**Von allen Insider-Tipps finden Sie hier die 15 besten**

**INSIDER TIPP Fisch vom Feinsten**
Wer im Sundgau Ferien macht, muss frittierten Karpfen probieren. Besonders lecker schmecken sie im Heimersdorfer À l'Arbre Vert → S. 86

**INSIDER TIPP Immer an der Wand lang**
Tapete ist nicht gleich Tapete, wie die Panoramatapeten im Musée du Papier Peint in Mülhausens Vorort Rixheim zeigen. Das ist Kunst im ganz großen Stil, die sich auch schon Jackie Kennedy fürs Weiße Haus bestellte → S. 84

**INSIDER TIPP Merci, Seppi!**
Bei Winzer Seppi Landmann in Soultzmatt trifft sich jeden Herbst die Welt im Weinberg. Bei der Ernte mithelfen und Freunde fürs Leben finden! → S. 87

**INSIDER TIPP Schlafen im Baumhaus**
In Aubure würden Sie am liebsten ganze Tage in den Bäumen verbringen. Kein Wunder bei dieser Fernsicht! → S. 67

**INSIDER TIPP Wo sind die kleinen Stinker?**
Über Münsterkäse gibt es viel zu erzählen: welche Kühe ihre Milch dafür geben, wo sie grasen und wie der Käse gemacht wird. In der Maison du Fromage in Munster werden Sie zum Kenner. Am Ende wissen Sie: Nicht jeder Munster stinkt → S. 67

**INSIDER TIPP Lernen, wie man lernt**
Im Oberlin-Museum in Waldersbach entdecken Sie mit Johann Friedrich Oberlin einen Pädagogen, Sammler und Sozialreformer, der vor 200 Jahren Geschichte schrieb und dessen Ideen immer noch aktuell sind → S. 71

**INSIDER TIPP Des Kaisers neue Bauten**
Im sogenannten Deutschen Viertel spazieren Sie durch Straßburgs wilhelminische Vergangenheit. Das komplett erhaltene Jugendstilviertel entstand, nachdem Straßburg 1871 an Deutschland gefallen war → S. 51

**INSIDER TIPP** **Straßburger Nächte sind lang ...**
Am Tresen der Bar Les Aviateurs treffen Sie die Schönen der Nacht → S. 57

**INSIDER TIPP** **Trash und Antiquitäten**
Auf einem der unzähligen Flohmärkte, die jeden Sonntag stattfinden, erleben Sie, wie das Elsass tickt. Bestimmt finden Sie was Hübsches, wenn nicht hier, dann dort, garantiert aber im August in Wasselonne → S. 103

**INSIDER TIPP** **Sexy auf der Showtreppe**
In der Music Hall Royal Palace in Kirrwiller sehen Sie die heißesten Shows Ostfrankreichs → S. 39

**INSIDER TIPP** **Willkommen im Schloss**
Die nur durch Zufall entdeckten Renaissancemalereien in Schloss Diedendorf im Krummen Elsass gehören zu den schönsten Ostfrankreichs. Die Schlossbesitzerin hat die Räume geschmackvoll in Szene gesetzt → S. 38

**INSIDER TIPP** **Schatzkammer für Weinfexe**
Im 1392 gebauten Kellergewölbe des Straßburger Bürgerhospitals finden Sie die besten Weine eines jeden Jahrgangs → S. 47

**INSIDER TIPP** **Vergangenheit, sprich!**
Im Jüdischen Museum in Bouxwiller wird die große Vergangenheit des untergegangenen oberrheinischen Judentums in all ihren Facetten aufgezeigt → S. 38

**INSIDER TIPP** **Kann man so wohnen?**
Die in den Sandstein geschlagenen Behausungen in Graufthal hatten ein Minimum an Komfort und fließend Wasser nur auf dem Steinboden, wenn es regnet. Die Bewohner wurden trotzdem steinalt → S. 39

**INSIDER TIPP** **Der Schönheit ein Museum**
Das Lalique-Museum in Wingen würdigt den Glaskünstler René Lalique, einen der großen Frauenversteher Frankreichs → S. 41

# BEST OF ...

## TOLLE ORTE ZUM NULLTARIF
### Neues entdecken und den Geldbeutel schonen

**SPAREN**

### ● *Ein Museum zur Geschichte in Mulhouse*
Im Elsass erleben Sie auf Schritt und Tritt Geschichte. Warum gibt es in Mülhausen eine Wilhelm-Tell-Straße? Die Antwort finden Sie im *Musée Historique.* Und viele andere interessante Dinge zur Stadtgeschichte auch. Gratis! → S. 86

### ● *Wanderung zum Wein*
Jeder Weinberg ist anders: der Boden, die Himmelsrichtung, die Rebsorten ... Wer einmal mit einem Winzer durch den Weinberg wandert, genießt die Tropfen bei der anschließenden Weinprobe umso mehr. Gönnen Sie sich dieses Vergnügen, das Sie im Sommer jeden Samstag kostenlos erleben können – in Eguisheim, einem der schönsten Dörfer Frankreichs (Foto) → S. 71

### ● *Lichtspiele und Klänge*
Kein Volk hat die Ton-und-Licht-Spektakel *Son et Lumière* so perfektioniert wie die Franzosen. So bunt und wunderschön werden Sie Straßburgs Kathedrale und Presqu'île Malraux ganz anders wahrnehmen → S. 49

### ● *Stadtbesichtigung mit Nachtwächter*
Aus alter Zeit stammt der Nachtwächter, der über die Stadt wacht. In Turckheim nimmt Sie dieser in historische Gewänder gekleidete Mann mit auf seine nächtliche Runde – und das ganz ohne Wegegeld → S. 71

### ● *Radeln in Haguenau*
Fast zum Nulltarif erkunden Sie mit dem Citybike die Stadt und ihr Umland. Großer Radius, kleine Gebühr: Für 1 Euro pro Tag dürfen Sie in die Pedale treten → S. 36

### ● *Filmnächte im Park*
Im Juli und August werden jeden Donnerstag im Parc Salvatore in Mulhouse Filme gezeigt. Das Programm der *Jeudis du Parc* wechselt wöchentlich → S. 79

●●●● Diese Punkte zeichnen in den folgenden Kapiteln die Bestof-Hinweise aus

# TYPISCH ELSASS
## Das erleben Sie nur hier

● *Elsässer Leibspeise*
Kalorien zählen gilt nicht! Der dünne, knusprige *Flammkuchen* ist das elsässische Gericht schlechthin. Im L'Aigle in Pfulgriesheim genießen Sie die vielleicht besten. Zwei Sorten, mit Käse und ohne – das reicht. Danach hilft Tee gegen Völlegefühle … → S. 52

● *Blumenkorso*
*Corsos fleuris*, Blumenumzüge, gehören zu den großen Sommerspektakeln im Elsass. In Sélestat treibt man es am zweiten Wochenende im August besonders bunt: Eine halbe Million Dahlien schmücken die Motivwagen, die einmal am Tag und einmal in der Nacht durch die Stadt gezogen werden. Ein Fest mit Straßentheater, Musik und gutem Essen (Foto) → S. 103

● *Auf der Ill mit dem Flussschiffer*
Wenn einer texten kann, dann er. *Patrick Unterstock* ist der grüne Münchhausen aus dem Grand Ried. Der letzte Flussschiffer auf der Ill wird Ihnen so einiges über die Natur der Feuchtgebiete erzählen – und ein paar Flunkereien auch → S. 72

● *Mundarttheater*
Auch wenn der Dialekt lustig klingt, die Elsässer Mundartbühnen können viel mehr als nur Schwänke. Eine der besten Bühne des elsässischen Theaters ist *La Choucrouterie* in Straßburg, wo Sie zur Kultur auch das namengebende Sauerkraut genießen können → S. 57

● *Das Menü zur Wanderung*
Wer wandert, braucht Stärkung. Nichts wird Ihnen in den Hochvogesen besser schmecken als ein deftiges *Melkermenü* mit *schiffala* und *roigebrageldi*, zum Beispiel in der Ferme Auberge du Treh. Dem Himmel so nah … → S. 84

● *Musik im ganzen Land*
Jedes Jahr am 21. Juni darf in Frankreich Musik machen, wer will, schließlich wird die *Fête de la Musique* gefeiert. Sologitarristen, Rockbands, Rapper und Chöre stehen an jeder Ecke und auf jedem Platz und geben ihr Bestes. In der Großstadt Straßburg ist natürlich am meisten Musik drin → S. 102

# BEST OF ...

## SCHÖN, AUCH WENN ES REGNET
Aktivitäten, die Laune machen

● *In der Silbermine*
Kaum vorstellbar, wie auf engstem Raum für ein paar Gramm Silber geschuftet wurde. Heute können Sie in der *Val d'Argent* die alten Stollen erkunden → S. 75

● *Englische Teekultur*
Die Engländer wussten, wie man mit Schlechtwetter umzugehen hat, sie erfanden den *5 o'clock tea.* In Straßburgs *Au Fond du Jardin* erleben Sie, wie Teetrinken zum Ereignis wird. Freuen Sie sich auf die Madeleines und Scones! → S. 53

● *Das größte Hallenbad im Elsass*
Die Kinder planschen, die Erwachsenen saunieren oder fläzen sich im Whirlpool: Das *L'O Espace Aquatique* in Obernai hat für Fun und Wellness genügend Platz. Aus einem Becken können Sie sogar ins Freie schwimmen. Wassertemperatur: 28 Grad. Macht am meisten Spaß, wenn's regnet! → S. 74

● *Drei Museen und eine Weinstube*
Ein Schloss mit drei Museen und einer Galerie: Im Straßburger *Palais des Rohan* (Foto), wo früher der Fürstbischof residierte, wird Ihnen garantiert nicht langweilig. Dort (lust-)wandeln Sie durch den Prunk vergangener Zeiten – und danach ab in die *winstub* ... → S. 50

● *Unterirdische Festung*
Gleich nach dem Ersten Weltkrieg ahnten die Franzosen, dass der Friede nicht von Dauer sein würde, und bauten unterirdische Festungen. Bei einer Besichtigung der *Ouvrage de Schœnenbourg* staunen Sie über die Infrastruktur einer kompletten Stadt → S. 43

● *Glaskunst live*
Immer noch Feuer und Flamme für ihr Metier sind die Glasbläser in *Meisenthal.* Erleben Sie aus der Nähe, wie flüssiges Glas vor der Flamme in Form geblasen wird! → S. 40

**REGEN**

# ENTSPANNT ZURÜCKLEHNEN
## Durchatmen, genießen und verwöhnen lassen

● *Kaffee und Kuchen*
Während Ströme von Touristen von dahin nach dorthin ziehen, Feuerschlucker ihre heiße Show geben und Gitarristen klampfen, sitzen Sie im Straßburger *Maison Kammerzell* bei Kaffee und Kuchen, freuen sich über das Schauspiel auf dem Kathedralvorplatz und lassen die Welt an sich vorüberziehen → S. 48

● *Römische Bäder*
Nach Shopping und Museen ab in den Stand-by-Modus in Mülhausens *Piscine Pierre et Marie Curie*. Eine Runde schwimmen, danach verschiedene Dampfbäder ausprobieren und am Ende noch ein Nickerchen halten → S. 81

● *In guten Händen*
Wärme, Wasser, Massagen und dazu sanfte Musik im Hintergrund: Im Kaysersberger Spahotel *Le Chambard* sind Sie in Sachen Wellness in guten Händen → S. 66

● *Tief durchatmen im Kreuzgang*
Keine fünf Minuten weg von Straßburgs Place Kléber und doch in einer anderen Welt: Im Kreuzgang der *Église Saint-Pierre-le-Jeune* können Sie sich prima vom Lärm der Stadt erholen. Wenn Sie Muße haben, schauen Sie sich noch die Fresken an. Ansonsten: einfach durchatmen und die Stille genießen (Foto) → S. 51

● *Mit Blick aufs Wasser*
Hier frönt Straßburg seiner Sehnsucht nach Sonne und Strand und läutet den Feierabend ein. *Strasbourg Plage* heißt der tolle Platz am Quai des Pêcheurs, an dem Sie bei einem Getränk aufs Wasser schauen und so schnell nicht wieder wegkommen → S. 57

● *Biohotel*
*La Clairière* in den Nordvogesen setzt Maßstäbe mit Spa, Yoga und geführten Kräuterwanderungen. In La Petite-Pierre sind Sie am schönsten Platz, um einen elsässischen Indian Summer zu erleben → S. 39

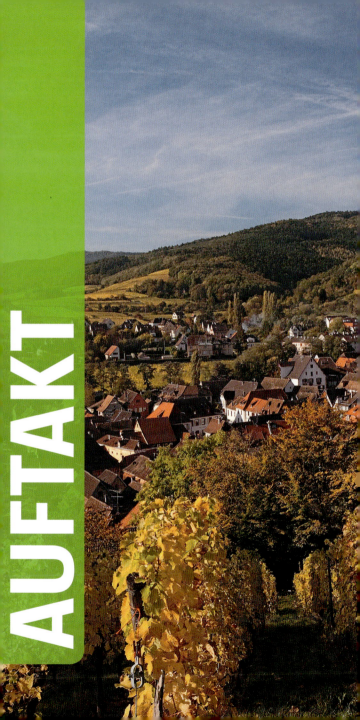

AUFTAKT

# ENTDECKEN SIE DAS ELSASS!

Ein Downhill-Biker in den Hochvogesen, viel zu schnell. Ein TGV auf gerader Strecke, 320 Kilometer in der Stunde. Mann und Frau auf einem Hausboot, Schritttempo. Samstagnachmittag in Mulhouse, Colmar, Straßburg: kreuz und quer Bewegung auf der Grand'Rue. Das Elsass ist ein Land mit vielen Geschwindigkeiten. Sprachen früher bäuerlicher Charme, Weinstraße und „Leben wie Gott in Frankreich" für Ferien im Elsass, so gibt es heute ein paar Argumente mehr.

Auf nur 8280 km² finden sich nicht nur die bekannten Trümpfe Straßburger Münster und Isenheimer Altar, Elsässer Küche und Weinkeller, Musik- und Theaterfestivals, sondern auch die zwei großen Naturschutzgebiete der Ballons des Vosges und der Vosges du Nord sowie das grenzüberschreitende Biosphärenreservat Pfälzerwald-Vosges du Nord und vielfältige Biotope wie Feuchtwiesen und Rheinauen.

Diese ziehen sich wie ein grünes Band von Basel flussabwärts. Hier im Grand Ried zwischen Rhein und Ill geht alles noch seinen langsamen Fluss. Kanuten trifft man hier, Angler auch, Wanderer, die mit Fotoapparat und Fernglas Eisvogel und Biber

Bild: Ribeauvillé

Längs des Flüsschens Lauch bezaubert Colmars ehemaliges Gerberviertel Quartier des Tanneurs

beobachten, und im Frühjahr Bärlauchfans. Sogar ein Flussschiffer wartet hier auf Gäste. Mit seinen Alleen ist das flache Land ideal für Fahrradtouren – ebenso wie der hügelige Sundgau im Süden und das „Krumme" Elsass Alsace Bossue im Nordwesten, zwei verträumte Landschaften, die eine Reise wert sind.

Für Pedalisten um einiges kniffliger sind da schon die Vogesen, ein Höhepunkt des elsässischen Tourismus im Wortsinn mit Burgen, Gipfeln, Schluchten. Der Vogesenclub hat sie mit 19 000 km Wanderwegen erschlossen. Daneben gibt es immer mehr Pisten für die *VTT,* also die Mountainbiker. Die Vogesen bieten jedem was: Skifahrer, Schneeschuhläufer, Kletterer, Drachenflieger, Pilzsammler und Motorradfahrer finden hier ihr Terrain, sogar mit alpinem Charakter. Der höchste Berg, der Grand Ballon, misst 1424 m. Trotz Skizirkus rund ums Hohneck ist die Bergwelt immer noch authentisch, auch weil die Bergler nach wie vor Kühe hüten, Käse machen und ihre *fermes*

**600 v. Chr.**
Kelten siedeln im Elsass

**58 v. Chr.**
Die Römer erobern Gallien, das Elsass wird Teil der Provinz Germania Superior

**5. Jh.**
Völkerwanderung, die Römer gehen, die Alemannen kommen. Erstmals wird der Begriff „Elsass" erwähnt

**7./8. Jh.**
Elsässisches Herzogtum, relative Selbstständigkeit im Frankenreich

**962**
Das Elsass wird Teil des Heiligen Römischen Reichs Deutscher Nation; Burgenbau der Staufer

# AUFTAKT

*auberges,* ihre Bergbauernhöfe mit rustikalen Spezialitäten, in Schuss halten.

Wesentlich anmutiger und sonniger ist es in der Vorbergzone. Hier wächst der berühmte elsässische Riesling und hier wird deftig aufgetischt. Jedes Weindorf ist ein Geschenk fürs Auge. Stadtmauern, Türme, Erker, Fachwerk, Höfe und Brunnen sind der Stoff, aus dem die Elsassträume gewebt sind. Tomi Ungerer holte sich hier die Inspiration für sein berühmtes „Liederbuch". Dazu die Geranien. Ja, ein bisschen *le kitsch* gehört dazu, wir sind schließlich in Frankreich. Die 170 km lange Route des Vins d'Alsace ist Pflichtprogramm und typisch fürs Elsass. Es gibt aber auch eine Käsestraße, eine Straße des frittierten Karpfens und neuerdings auch eine Schokoladenstraße, die im Norden ihren Anfang nimmt. Hier sind die Dörfer etwas weniger putzig – der Wein fehlt –, aber dafür gibt es hier viele Höfe, die nicht nur Kühe auf der Weide haben, sondern auch Pferde auf der Koppel und Ferien für die ganze Familie anbieten.

Nur 190 km misst diese östlichste und kleinste der 22 Regionen Frankreichs von Nord nach Süd und keine 50 km vom Rhein im Osten bis zur Kammlinie der Vogesen im Westen. 1,8 Mio. Menschen leben in den beiden Departements Haut-Rhin im Süden und Bas-Rhin im Norden, die meisten davon in den drei großen Städten. Während Straßburg und Mulhouse Industriezentren sind, ist Colmar als Verwaltungssitz und wegen seiner Museen von Bedeutung. Touristisch ist das kleine Ländchen eine Großmacht: 24 Mio. Übernachtungen werden

## Burgen und Vogesengipfel, Fachwerk und Weindörfer

**1523/1524** Reformation in Straßburg und dem übrigen Elsass

**1648–1681** Mit Ludwig XIV. übernimmt Frankreich die Herrschaft

**1789/1792** Französische Revolution, Rouget de Lisle komponiert in Straßburg die Marseillaise

**1870/71** Nach der Niederlage Frankreichs im Preußisch-Französischen Krieg wandern 50 000 Elsässer nach Frankreich aus. Das „Reichsland Elsass-Lothringen" gehört nun zum Deutschen Reich

**1914–1918** Elsässer kämpfen im Ersten Weltkrieg auf beiden Seiten

pro Jahr gezählt – was nicht verwundert angesichts der Menge all der schönen Orte im Elsass.

Dass die Zahl der wunderbar erhaltenen Dörfer und Städtchen so groß ist, dafür gibt es mehrere Gründe. Zum einen liegt es an der Mentalität: Die Elsässer sind konservativ, sie bewahren gerne, auch wenn sie wie Pop-Art-Künstler ihre Häuser bunt streichen. Das Dorf, das Essen, der Dialekt und die Feste, für die es immer einen guten Grund gibt, stehen hoch im Kurs. Die Heimatverbundenheit äußert sich auch im gemeinsamen Anpacken. Elsässer gründen Vereine, um Gärten anzulegen, Dorfmuseen mit altem Werkzeug zu bestücken oder irgendwo im Wald eine Wanderhütte zu bauen oder zu renovieren – und auch coole Clubs nennen sich *winstub*. Es waren aber noch weitere Gründe, die halfen, diesen schönen Flecken Erde zu bewahren: Die Randlage des Elsass und der französische Zentralismus ließen Frankreichs Osten lange auf sein Wirtschaftswunder warten – zum Glück: Aus Kleingeld werden eben keine großen Bausünden.

> **Auch coole Clubs nennen sich *winstub***

Auch in den Städten gibt es die Liebe zur Tradition. Das ehemalige Gerberviertel Petite Venise in Colmar, das man liebevoll „Klein Venedig" nennt, ist das Kleinod der Stadt. Aber bei aller Traditionsverbundenheit sind die Städte(r) auch unruhig – wie überall. Kulturell wird einiges geboten, ob Rock, Pop oder klassische Musik, ob Film-, Tanz- oder Theaterfestival. Die Kultur hat hier viele Bühnen und Häuser, die selbstverständlich international und grenzüberschreitend arbeiten. In Straßburg wächst zwischen Altstadt und Rhein ein neues Viertel, im Dreiländereck plant man auf einer Insel einen trinationalen Stadtteil der Städte Basel, Weil und Huningue. Schweizer, Deutsche und Franzosen sollen dort Tür an Tür wohnen.

Und wo sonst gibt es so viele Geschäfte, die mit „Euro" werben – Europizza, Euroauto, Euroburger – wie in Straßburg? Kaum verwunderlich, dass die Europastadt in Sachen „L'Europe" klotzt. Das europäische Haus ist im Elsass gut gebaut, man sagt ein großes Ja zu Europa – aber auch manchmal ein Nein zu allem Fremden. In Zeiten des Globalisierung schlägt sich die Angst vor dem Neuen in unschönen Wahlerfolgen ausländerfeindlicher Parteien nieder.

**1919** Das Elsass wird erneut französisch, 300 000 Menschen müssen das Land verlassen

**1940–1944** Nazideutschland besetzt das Elsass, 32 000 Opfer

**1949/1952** Straßburg wird Sitz des Europarats und Hauptsitz des Europäischen Parlaments

**1970er-Jahre** Elsässisch-badische Anti-AKW-Bewegung gegen Fessenheim (F) und Wyhl (D)

**2010** Gründung der Trinationalen Metropolregion Oberrhein mit dem Elsass, der Südpfalz, Teilen Badens und der Nordwestschweiz

# AUFTAKT

332 Stufen muss erklimmen, wer den Weitblick vom Straßburger Münster genießen will

Auch die manchmal schillernde Identität, was es denn genau heißt, ein Elsässer zu sein, und die bewegte Geschichte der Region werden für den relativen Erfolg rechter Parteien wie des Front National verantwortlich gemacht. Schon immer war das Elsass Grenzland und gute Beute. Die Kelten siedelten hier, die Römer gründeten Argentoratum, das spätere Straßburg, dann zog die Völkerwanderung übers Land und zerstörte die alte Ordnung. Die Alemannen kamen, bauten, blieben und gaben dem Landstrich seinen Namen. Es waren die, die „in der Fremde saßen" (*ali-saz* = Fremdsitz) oder an der Ill, so die Versuche, den Namen aus dem Althochdeutschen herzuleiten. Dann pflückten sich die Franzosen den schönen Apfel, dann die Preußen, wieder die Franzosen, die Nazis, bis nach dem Zweiten Weltkrieg die Sache entschieden war und die Zeit reif für Versöhnung.

> **Genießen Sie die zwei Kulturen mit all ihren Widersprüchen**

Wer diese nicht immer friedliche Vergangenheit hinter sich gelassen hat, wird in Straßburg staunen über Europas Glaspaläste. Manch einer nimmt sich Zeit für einen Spaziergang, andere leihen sich ein *vélo* (der große Trend!), wieder andere schippern bequem in einem der Touristenschiffe und bestaunen die vielen Bauepochen eines Landes, das mal so hieß und mal so. Alles im Fluss in dieser kleinen europäischen Region mit ihrer großen Geschichte, großen Küche, großen Weinen und großen Fragen. Aber spielt es eine Rolle, wie französisch das Elsass ist oder wie deutsch *l'Alsace?* Am besten, Sie genießen gerade diese Durchdringung zweier Kulturen mitsamt ihren Widersprüchen!

# IM TREND

## 1 Auf Rollen

***Sport*** Die Szene wird in Straßburg neu aufgerollt. Dort startet die Skaterszene gerade durch – vor allem wegen des jährlichen Skate- und BMX-Wettbewerbs *(www.nouvelle-ligne.com)*. Aber auch ohne Rollen an den Füßen ist das Turnier dank Livemusik und DJs einen Abstecher wert. Was nach dem Wettkampf noch geboten wird, verrät *alsace-roller-skating.fr*. Wem die nötige Ausrüstung oder das passende Outfit fehlt, der deckt sich im *Vintage Store (10, Place Saint-Étienne)* ein.

## Biodynamisch 2

***Wein*** Im Einklang mit der Natur und altem Wissen, gewürzt mit einer Prise Esoterik, gedeihen die Trauben der Winzerfamilie *Klur (105, Rue des Trois Épis, Foto)* in Katzenthal. Biologisch-dynamisch ist auch die Anbaumethode der Wahl für Winzer *Jean Baptiste Adam (5, Rue de l'Aigle)* in Ammerschwihr. Im Rhythmus der Mondphasen wird im Weingut *Kreydenweiss (12, Rue Deharbe)* in Andlau gekeltert. Wer noch an der biologisch-dynamischen Methode zweifelt, probiert die Weine zunächst vor Ort bei einer Verkostung.

## 3 Mixtastic

***Music*** Fusion ist nicht nur in der Küche in, sondern auch in der Musik. Gemixt wird, was passt. So wie *Skannibal Schmitt (skannibal-schmitt.free.fr)*, die Dancehall, Punk, Hip-Hop und Ska zu tanzbarer Gute-Laune-Musik vereinen. Klezmer, Flamenco und Jazz vermischen sich bei *Lé Oparleur (www.leoparleur.com, Foto)*  zu einer bunten Klangmixtur. Etwas elektronischer kommt *Enneri Blaka (www.myspace.com/enneri blaka)* daher. Die achtköpfige Straßburger Band sorgt mit ihrem Elektrofunk für volle Tanzflächen.

**Im Elsass gibt es viel Neues zu entdecken. Das Spannendste auf dieser Seite**

# Gute Nacht

***Übernachten*** Ein kuscheliges Bett, Whirlpool und Hamam gibt es auch im *La Péniche Vota* (www.peniche-vota.com, Foto) – allerdings stehen die auf einem alten Kahn. Die *Vota* wiegt ihre Gäste sanft und mit viel Komfort in den Schlaf. Fährmann Patrick Unterstock baut nicht nur traditionelle Holzkähne und organisiert Ausflüge – er bietet auch eine Übernachtung im *Indianertipi (Muttersholtz, www.batelier-ried.com)* an. Hoch hinaus geht es dagegen in den Baumhäusern *(www.domaine-hauts-de-ribeauville.fr)* von Michel Culli in Ribeauvillé. Kinderträume erfüllen sich bei der Übernachtung in einem alten hölzernen Waggon: *La Roulotte du Kuenbach (114, Rue Principale, www.roulotte-kuenbach.com)* in Mitzach bietet solche Übernachtungen an und organisiert auch Kutschfahrten und Ausritte für große und kleine Pferdeliebhaber.

# In den Topf geschaut

***Kulinarisch*** Mal mit einem echten Experten am Herd stehen? Im Atelier vom preisgekrönten Konfitürenmeister Fabrice Krencker (4, Route du Climont, www.confituresduclimont.com, Foto) in La Salcée bei Ranrupt ist das möglich. Im *Jardin Gourmand (3 b, rue de Bassemberg, www.jardingourmand.com)* in Lalaye beginnt die Lehrstunde dagegen schon im Garten. Aus den gesammelten Kräutern und Pflanzen entstehen ungewohnte Speisen aus bekannten Gewächsen. Im *Atelier Cardamome (1, Grand'Rue, www.cardamome.fr)* von Isabelle Sipp in Colmar haben Sie ebenfalls Gelegenheit zum Töpfegucken. Hier stehen vor allem moderne Speisen mit regionalem Einschlag im Rezeptbuch.

# STICHWORTE

## Bier

Das Elsass war schon immer ein Bierland. Im 19. Jh. besaß Straßburg über 60 Brauereien. Wie überall begann mit der Industrialisierung der Niedergang der kleinen Brauereien und der Siegeszug der großen. Das bekannteste Beispiel hierfür ist Kronenbourg, wahrscheinlich das meistgetrunkene Bier ganz Frankreichs. Meteor in Hochfelden konnte sich als einzige große Familienbrauerei behaupten. Die letzten Pilsbrauer Frankreichs sind aber nicht ohne Konkurrenz: Die Mikrobrauer Uberach, Perle, Hollbeer und Saint-Pierre wissen auch, wie's geht, und produzieren Gerstensaft mit dem elsässischen Hopfen Strisselspalt – süffig und meist ohne Konservierungsstoffe.

## Bio

Im Gegensatz zum Rest der Grande Nation ist Frankreichs kleinste Region beim Thema Bio top, wie das jüngste Beispiel, das Passivhaus in Cosswiller (*www.heliodome.com*), zeigt – es funktioniert wie eine Sonnenuhr. Im Elsass gibt es Biomessen, Biorestaurants, Biobauern, Geschäfte, die sich auf Bio spezialisiert haben, und viele, viele Biowinzer. Jedes Jahr kommen ein paar Hundert dazu, vom niedrigschwelligen Biolabel TYFLO (*www.tyflo.org*) bis zum streng biodynamischen Demeter-Siegel. Den Winzern wird der Weinbau ohne Chemie leicht gemacht, denn das Elsass ist das trockenste Weingebiet Frankreichs, sodass Pilzbefall durch Feuchtigkeit kaum auftritt. Andere Gründe liegen in den An-

**Bio und Bier, TGV und Tram: Das Elsass bewahrt seine Traditionen, ohne den Anschluss an moderne Technologie zu versäumen**

ti-Atom-Demos der Siebzigerjahre. Diese schärften, wie in Deutschland auch, die Sinne für Natur- und Umweltschutz. Schweinepest und Rinderwahnsinn 1999/2000 taten dann ein Übriges, um Nahrungsmittelproduzenten zum Umdenken zu bewegen. Einige Produzenten sind auch bei Slow Food *(www.schnaeckele.com, schnackala68.free.fr)* aktiv.

## BURGEN & FESTUNGEN

Zwar bauten schon die Kelten steinerne Fluchtburgen, aber ernst mit den Burgen wurde es erst mit den Staufern, die damit ihr Gebiet absicherten. Nach der Zersplitterung des Herzogtums setzte ein regelrechter Bauboom ein, jeder Landadlige baute sich sein Schloss. Die Felsennester wurden in diversen Kriegen gründlich ruiniert, was zur Folge hatte, dass die über 100 Ruinen heute wunderbarer Stoff für alle Romantiker sind. Des Weiteren wurden zur Grenzsicherung von Frankreichs Festungsbaumeister Sébastien Vauban Zitadellen und Forts (Neuf-Brisach), später unterirdische Festen wie die Feste Kaiser Wilhelm II *(www.fortmutzig.eu)* und Maginotforts in den Sand gesetzt. Viele sind heute zu besichtigen.

## DEUTSCHLAND

Mit den Deutschen ist es eine Hassliebe. Nach den üblen Erfahrungen während des Zweiten Weltkriegs wollte man lange Jahre nichts mehr vom deutschen Nachbarn wissen und vernachlässigte Deutsch in der Schule und auch den alemannischen Dialekt. Nichtsdestotrotz pendeln täglich Tausende Elsässer zur Arbeit nach Deutschland. Aktuell sind es immer noch gut 25 000 Grenzgänger, während nur rund 400 Deutsche den umgekehrten Weg gehen. Ist in Frankreich Feiertag und in Deutschland nicht, sind im Elsass die Straßen wie leer gefegt. Alle sind sie dann drüben, gehen essen und füllen in Bau- und Drogeriemärkten ihren Einkaufswagen. Seit der Einführung des Euro hat sich der kleine Grenzverkehr noch gesteigert.

## DIALEKT

Sehr viele können Elsässisch sprechen, doch die wenigsten tun es. Die deutsche Besatzung 1940–44 und die rigorose Sprachenpolitik Frankreichs gruben den alemannischen Wurzeln das Wasser ab. Optimistisch geschätzt, spricht nur noch jeder Dritte Mundart und nur zehn Prozent der Kinder besuchen eine bilinguale Schule. Das Idiom ist umstritten: Als 2012 die aus dem Sundgau stammende Miss France Delphine Wespiser im Fernsehen ihren Dialekt zum Besten gab, wurde sie dafür auch kritisiert. Trotzdem ist Elsässisch immer noch eine Alltagssprache: *Bratzala* (Brezel), *Surlewerla* (saure Leber), *Stuwa* (Stube). Dialekt hört man auf Theater- und Kabarettbühnen, sogar Asterix gibt es auf Elsässisch. Im Alltag wird häufig das sogenannte Heckenwelsch gesprochen, ein Mischmasch aus Französisch und Alemannisch, dessen Sätze meist mit *hopla* (was so gut wie alles heißen kann) beendet werden.

# DER VIERFACHE HANS

Weder Jacques noch Michel und auch nicht François haben es im Elsass zu solch einer Popularität gebracht wie der Jean, also der Hans(i). Immer noch gerne besungen wird der „Hans im Schnokeloch", ein Volkslied über einen Mann, der alles hat und doch nicht weiß, was er will. Der nächste populäre Hans ist der Colmarer Zeichner Jean-Jacques Waltz (1873–1951) alias L'Oncle Hansi, der wie kein Zweiter das Bild vom *L'Alsace heureuse,* vom glücklichen Elsass, prägte. Hansi, der seine beste Zeit während des Kaiserreichs hatte, feierte das französische Elsass und verspottete alles Deutsche. Der dritte Hans ist der Straßburger Dadaist Hans Arp (1886–1966), der sich als Dichter („Die Wolkenpumpe"), Maler und Bildhauer vor keinen nationalen Karren spannen ließ. Der vierte und vorerst letzte Hansi ist – ein Schlagersänger aus Österreich. Hansi Hinterseer hat in Frankreich viele Tausende Fans, die meisten davon im Elsass. Liegts am Namen, an der Musik oder an der Message, dass er die größten Hallen füllt? „Hansi erzählt viel von seiner Heimat, von den Bergen, der Natur. Das brauchen wir in unserer heutigen Welt", heißt es aus dem Fanclub „Hansi im Glück", dem weltweit größten übrigens. Da geht das Herz auf!

www.marcopolo.de/elsass

# STICHWORTE

## FISCHWEIHER

Im Elsass gehört der Fischweiher wie die Kirche ins Dorf. Man schätzt die Zahl der Dörfer mit einem *étang de pêche* auf über 1000. Hier sitzt man am Feierabend und wirft die Angel aus. Einmal im Jahr findet ein großes Fest statt und der Tümpel wird mit Fisch aufgefüllt. Insgesamt wird die Zahl der Fischteichangler im Elsass auf 23 000 geschätzt. Andere Angler trifft man in der freien Natur an (Wild-)Bächen und Flüssen wo sich Forelle, Hecht und Karpfen tummeln.

## KAISER WILHELM

Was wären Straßburg und das Elsass ohne Kaiser Wilhelm? Der Preuße war ein Elsassfan, hatte in Straßburg Palast und Reitstall, im Haseltal sein Jagdrevier und verspeiste auch in Berlin gerne Straßburger Pasteten. Während seiner Regierungszeit wurden nach heutigen Maßstäben Milliarden ins Land gepumpt. Er ließ neue Stadtviertel anlegen, einen Bahnhof bauen und die Hohkönigsburg restaurieren. Deutschlands damaliger Westen sollte zum Schaufenster des Reichs werden. Obwohl das wilhelminische Erbe immer noch hoch im Kurs steht, hat der Respekt vor ihm etwas abgenommen. Der Straßburger Bahnhof wurde 2007 unter großem Aufwand modernisiert und unter einer Glaskuppel versteckt. Darunter sieht der Monumentalbau ganz schön klein aus. Was hätte wohl *le Kaiser* dazu gesagt?

Straßburgs wilhelminischer Bahnhof präsentiert sich heute glasüberkuppelt

## LOEB, SÉBASTIEN

Für den Rest der Rennsportwelt macht er's langweilig, aber für die Elsässer könnte er es nicht besser machen: Der 1974 in Haguenau geborene Rallyepilot gewinnt seit 2004 jährlich den Weltmeistertitel. Egal wer gegen ihn antritt, der vom Präsidenten zum Ritter der Ehrenlegion geschlagene Loeb fährt schneller. Im Lauf seiner Karriere hat der Elsässer schon so einige Rekorde eingefahren. Loeb rast entweder als Erster ins Ziel oder gar nicht. Obwohl sein Wohnsitz mittlerweile in der Schweiz liegt und er dort seine Gagen versteuert, wird er im Elsass weiterhin als „Super Séb" verehrt.

## MUSIKSZENE

Durchs Elsass geht ein großer Graben. Während die „Alten" Kansas of Elsass, Flippers und Heulboje Johnny Hallyday verehren, hören die „Jungen" Hip-Hop, Rock, Electro, House und Techno. Da werden in den Vogesen Festivals (*C'est dans la vallée* in Sainte-Marie-aux-Mines) organisiert und in verlassenen Fabrikhallen Konzerte veranstaltet. Das mit Abstand heißeste Pflaster befindet sich in Straßburg. Das kleine regionale Label Herzfeld *(www.hrzfld.com)* gilt mit Little Red Lauter, Buggy, Einkaufen und dem Melancholiker Thomas Joseph als musikalischer Hotspot. Ein allseits verehrter Musiker ist Rodolphe Burger, der früher mit seiner Band Kat Onoma Rockstar war und heute als Konzeptkünstler Alben einspielt und Sounds für Straßenbahnen entwirft.

## STÖRCHE

Der Weißstorch bringt nicht nur die Kinder, sondern sorgt auch sonst für gute Laune. Zumindest im Elsass war der Storch schon immer heimisch und wurde zum Wappentier. Wie überall in Europa ging aber auch dort die Population zurück, bis 1974 der Tiefststand mit neun Paaren (!) erreicht wurde. Jeder Kirchturm und jeder Schornstein war verwaist. Mit Zuchtstationen und viel Tierschutz kommt jetzt auch der Storch zum Storch, aktuell sind es wieder über 300 Paare, die zwischen Vogesen und Rhein nisten. Viele fliegen inzwischen gar nicht mehr die 20 000 km nach Afrika und wieder retour, sondern bleiben gleich da. Warum? Während einige von einer Entwöhnung ausgehen (drei Jahre in Gefangenschaft unterdrücken den Wandertrieb), sind andere davon überzeugt, dass es nur am Elsass und seinen *Storckadörfern* liegt. Da ist es am schönsten!

## TGV

Der TGV (Train à Grande Vitesse), der französische Hochgeschwindigkeitszug, rollte erst mit großer Verspätung ins Elsass. Darum galt Frankreichs Schienenstolz als Sinnbild des Zentralismus. Von überall kam man schnell nach Paris, nur von Straßburg nicht. Das kratzte am Prestige. Seit 2007 ist das anders. Der TGV Est Européenne überbrückt die 416-km-Distanz zwischen der Haupt- und der Europastadt in 140 Minuten. Und seit 2011 rast der TGV Rhin-Rhône mit 320 km/h von Mulhouse nach Dijon, ein weiterer Ausbau nach Lyon mit Anschluss nach Marseille ist geplant. Für eine Region ohne Meer ist das ein Segen. So ganz

Straßburgs Straßenbahn setzt Maßstäbe für eine fortschrittliche Verkehrspolitik

www.marcopolo.de/elsass

# STICHWORTE

nebenbei ist das die erste TGV-Strecke, die nicht über Paris führt. Das ehemalige Sinnbild des Zentralismus verbindet nun Frankreichs Regionen untereinander und pusht den Tourismus. Seit 2007 sind die Übernachtungen im Elsass um acht Prozent gestiegen. Das ist der „TGV-Effekt".

## TRAM

Da es in französisch *le tramway* heißt, sagen viele Elsässer im Dialekt auch *der Tram* zur Straßenbahn. Bis nach dem Zweiten Weltkrieg hatte so gut wie jede Stadt ihr Straßenbahnnetz; das Straßburger maß gar stolze 83 km. Kein Geld für Investitionen und die Konkurrenz billiger Busse führten zur Stilllegung aller Linien. 1960 rollten in Mulhouse und Straßburg die letzten Bahnen, begleitet von Kindern, die zum Abschied Blumen auf die Gleise streuten. Keine drei Jahrzehnte später wurde das Thema wieder aktuell – Straßenbahnen sollten die vom Autoverkehr geplagten Städte entlasten. Seit 1994 schnurrt *le tramway* wieder umweltfreundlich durch Straßburg, seit 2006 auch durch Mulhouse. In beiden Städten hat man die neue Tram als Chance begriffen. Waggons und Haltestellen sind Meisterwerke des Designs, für deren Gestaltung man Künstler wie Daniel Buren (Mulhouse) oder Zaha Hadid (Straßburg) verpflichtete. Mulhouse plant, seine Tramway bis weit nach Kruth in den Vogesen hinaus zu führen, Straßburgs Linie D soll ab 2015 über den Rhein bis ins deutsche Kehl fahren.

## UNGERER, TOMI

Der 1931 in Straßburg geborene Tomi Ungerer ist der einzige Weltstar, den das Elsass aktuell hat. Lange Zeit galt der Zeichner, Schriftsteller und Sammler als schlimmer Finger und man wusste nicht so recht, was man mit ihm anstellen sollte. Schließlich gehen auf sein Konto unkonventionelle Bilderbücher wie „Die drei Räuber", aber auch Zeichnungen, die den Alltag einer Domina dokumentieren. Tomi Ungerer ist, vielleicht gerade wegen seiner biografischen Brüche – Fremdenlegion, per Anhalter durch Europa, mit dem Schiff nach Nordamerika, Werbezeichner in New York, Bauer in Irland –, ein guter Kerl. Statt in Sonntagsreden setzte er in Wort und Bild konkrete Versöhnungszeichen über den Rhein. Seine Heimatstadt beschenkte er mit Zeichnungen, Spielzeug und einem Janusbrunnen, der die deutsche und französische Seite seiner Heimat darstellt. Erst 2007 bekam er sein Museum.

## ZEITUNGEN

Straßburger Zeitungen schreiben nicht nur Nachrichten, sondern auch Geschichte. Das Erscheinen der „Relation aller Fuernemmen und gedenckwuerdigen Historien" 1605 in Straßburg gilt als die Geburtsstunde der Zeitung. Ermöglicht wurde diese Innovation durch Johannes Gutenbergs Erfindung des Buchdrucks. Auch Gutenberg hat einen Bezug zu Straßburg, er lebte zeitweilig dort. 1995 wurde erneut Zeitungsgeschichte geschrieben: Das 1877 gegründete Traditionsblatt Dernières Nouvelles d'Alsace (Elsässische Neueste Nachrichten), kurz DNA *(www.dna.fr)* genannt, erschien als erste Zeitung Frankreichs auch im Internet, obwohl bis dato fast kein Franzose Internet hatte. Als einziges französisches Blatt gab es die DNA zudem in zwei Ausgaben: Die französische hatte einen roten Titel und eine Auflage von 245 000 Exemplaren, die deutsche einen blauen Titel und eine Auflage von 28 000. Lange Zeit war das Verhältnis umgekehrt, die Umkehr der Proportionen spiegelt die aktuelle Sprachsituation wider. Letzter Akt: 2012 wurde die deutschsprachige Ausgabe eingestellt.

Bild: Au Crocodile in Straßburg

# ESSEN & TRINKEN

**Die einen sagen, die elsässische Küche sei hundertprozentig französisch, die anderen heben das alemannische Element hervor. Wie so oft liegt die Wahrheit irgendwo in der Mitte – angesichts der geografischen Lage des Elsass auch naheliegend. Heute ist die elsässische Küche größer als die Summe ihrer Teile.**

Ursprünglich war die Küche zwischen Rhein und Vogesen eine alemannische, also deftig und eher derb – Kalorien zählen zwecklos: Butter, Sahne und Milch waren der Schmierstoff, und während Schweinefleisch die Hauptrolle spielte, blieb für Fisch meist nur die Nebenrolle. Bis heute wird die traditionelle Schlachtplatte als *choucroute royale* zelebriert – mit bis zu zehn Sorten Fleisch und Wurst. Ebenfalls viel Fleisch, aber hier auch Lamm und Rind, findet man im *baeckeoffe*, dem im ganzen Elsass beliebten Eintopfgericht. Dessen Herstellung verrät viel über Land und Leute: Als das Elsass noch dörflich geprägt war, brachten die Hausfrauen ihren mit Fleisch, Kartoffeln, Gemüse und Brühe gefüllten, feuerfesten Topf zum Bäcker, der ihn in der Resthitze seines Ofens stundenlang schmurgeln ließ. Zwar gibt es heute diesen Dorfbäcker nicht mehr, aber auch in einer gemütlichen *winstub* mit ihren Butzenfenstern und rot-weiß karierten Tischdecken lässt man sich dafür Zeit. Einen guten *baeckeoffe* muss man vorbestellen und nur für eine Person macht sich kein Koch die Mühe.

Das gemeinschaftliche Essen wird auch beim Flammkuchen zelebriert, der *tarte*

## Genießer dürfen sich freuen, denn die Küche vereint das Beste aus zwei Welten – Motto: Deutsche Tradition trifft französische Kultur

*flambée,* die man mit den Fingern isst. Französisch hingegen sind die Gepflogenheiten im Restaurant: Man sucht sich nicht einfach einen Platz, sondern wendet sich ans Personal und fragt höflich, wo ein Platz frei ist. Auch bei der Rechnung gibt man sich französisch, diesmal leger: Man bezahlt gemeinsam, getrennte Rechnungen sind verpönt.

Mit den Franzosen kamen nicht nur neue Sitten, sondern auch neue Zutaten wie Zucchini und Aubergine und Pariser Kochkunst ins Land. Aus der Küche wurde eine *cuisine* und aus der Bäckerei eine *pâtisserie,* die sich nicht nur auf Brot und *bredele* verstand, sondern auch auf *croissants* und *brioches,* auf *tartelettes* und *tartes* und die mit dem *kougelhopf* der Welt ein wunderbares Gebäckstück der Welt schenkte. Es gibt den berühmten Napfkuchen natürlich süß mit Rosinen und Mandeln, aber auch salzig mit Speck. Auch in den Metzgereien *(boucheries)* existieren seitdem zwei Traditionen nebeneinander her: Neben französischen Pasteten und Terrinen gibt es immer

# SPEZIALITÄTEN

▶ **asperges** – Spargel, meist mit Schinken und *sauce hollandaise*

▶ **bibbeleskaes** – Frischkäse (*siaskaes*), der süß oder salzig gegessen wird

▶ **bouchée à la reine** – mit Ragout fin gefülltes Blätterteigpastetchen („Königinpastete")

▶ **bredele** – Weihnachtsgebäck, meist mit Butter gebacken und in zig Varianten das ganze Jahr über erhältlich

▶ **carpe frite** – frittierter Karpfen, oft mit Kartoffelsalat, Spezialität im Sundgau

▶ **coq au riesling** – Huhn in Riesling mit Nudeln oder *spaetzeles* (Foto re.)

▶ **eau de vie** – Schnaps, beliebt sind vor allem Obstwässer wie *kirsch*, *quetsch* oder *mirabelle*

▶ **escargots** – Schnecken, mit Kräuterbutter, gratiniert oder in der Suppe (Foto li.)

▶ **fleischschnacka** – mit Brät gefüllte Schneckennudeln, in Brühe gekocht

▶ **foie gras** – Gänsestopfleber. Das Mastverfahren, um Gänsen eine Fettleber anzuzüchten, gilt in einigen europäischen Ländern als Tierquälerei und ist in Deutschland verboten

▶ **grumbeerkiechle** – Kartoffelpuffer, in der Pfanne gebacken, als Beilage oder mit Apfelmus

▶ **matelote** – Weißweinragout von heimischen Süßwasserfischen

▶ **menu marcaire (Melkermenü)** – traditionelles Essen der Bergbauern mit *schiffala* (gepökelte Schweineschulter) und *roigebrageldi* (mit Unmengen Zwiebeln und Butter gegarten Kartoffeln)

▶ **rossbif** – Pferdesteak

▶ **siaskas** – Frischkäse, pur oder als Dessert mit Kirschwasser

▶ **steak tartare** – Rinderhack, das vom Kellner am Tisch mit Ei, Gewürzen und Zwiebeln zubereitet wird

▶ **surlewerla** – saure Leber, Leberragout

▶ **tarte au myrtille** – Blaubeerkuchen, gern mit *crème chantilly* (Schlagsahne)

▶ **tourte vigneronne** – gebackene Fleischpastete, meist mit grünem Salat

noch Fleischwurst und andere Schweinereien aus der berühmten *charcuterie alsacienne* – und natürlich *la knack*, ein Frankfurter Würstchen, obligatorisch zum Sauerkraut oder heiß oder kalt als Vesper. Auch eine *planchette* findet man oft auf der Speisekarte, ein „Brettchen", meist mit *charcuterie* (Aufschnitt). Beliebt zur Brotzeit oder auch fulminanter Schlusspunkt eines Menüs ist der

# ESSEN & TRINKEN

Munster, der einzige Beitrag des Elsass zu Frankreichs großer Käsekultur. Mit dem Label Appellation d'Origine Contrôlée (AOC) trägt dieser stark streng riechende Rotschmierkäse eine kontrollierte Herkunftsbezeichnung mit garantierter Reifezeit von mindestens 21 Tagen. Als Frischkäse hingegen schmeckt er mild und wird gern mit Kirschwasser zum Dessert verfeinert. Frankreichs Einfluss kommt vor allem in den Restaurants zur Geltung, die sich aus dem Besten beider Welten bedienen und auf Basis der elsässischen Grundrezepte die Küche französisch verfeinern und bereichern. Bestes Beispiel ist die Familie Haeberlin aus der Riedgemeinde Illhaeusern. Paul Haeberlin (1923–2008) erkochte sich mit Froschschenkelsuppe und anderen Kreationen drei Michelinsterne. Froschschenkel *(cuisses de grenouilles)*, in Riesling oder Sahne gekocht oder frittiert, sind übrigens sehr beliebt bei Einheimischen und auch Touristen. Aufgrund barbarischer Schlachtmethoden sind sie allerdings ein äußerst fragwürdiges Vergnügen. Haeberlins Kollege Guy-Pierre Baumann vom Straßburger Restaurant Maison Kammerzell kombinierte als erster *choucroute* und Fisch. Dank dieser Stars wurde das Elsass in der zweiten Hälfte des 20. Jhs. zum Land des guten Geschmacks.

Im Weinbau lassen sich die elsässischen Winzer von Geografie, Klima und dem *terroir* der Weinlage inspirieren. Diese tragen so klangvolle Namen wie Sonnenglanz, Schmetterlingsgarten, Engelgarten oder Brandluft und stehen der malerischen Landschaft in nichts nach. Typisch deutsch wiederum ist die Tradition, Riesling, Muscat, Pinot Blanc (Weißburgunder), Pinot Gris (Ruländer bzw. Grauburgunder), Sylvaner, Gewürztraminer und Pinot Noir (Spätburgunder) rebsortenrein auszubauen und in grüne, schlanke Flaschen, die *flûtes,* abzufüllen. Nur der liebevoll „Edel" genannte Edelzwicker ist als Cuvée erlaubt und immer für eine Überraschung gut.

Französisch ist dann wieder die Tradition der reifen Weine. So findet man selten einen Riesling, der jünger als drei oder vier Jahre ist – in Deutschland undenkbar. Ein frischer Genuss ist dagegen der elsässische Sekt *crémant d'Alsace,* die süffige – und viel preiswertere – Alternative zum Champagner. Etwas Besonderes ist der *naie siasse* (Neuer Süßer), der nur im (Früh-)Herbst erhältliche Federweiße.

Der Kult um den Wein ist Frankreich pur. Jeden Herbst blasen Supermärkte zur *foire aux vins* (Weinmesse) und offerieren eine Fülle von Angeboten. Das ganze Jahr über können Sie sich der Jagd auf edle Tropfen bei den Winzern vor Ort hingeben. Welchen Stellenwert das gute Leben hat, wird auch deutlich, wenn der Michelin alljährlich seine Sterne vergibt und Wettbewerbe wie die Kür zum Bäcker des Jahres stattfinden. Für alle, die hier im Rennen sind, ist das ein hartes Brot. Es gibt so viel Konkurrenz – und ein Publikum, das ganz schön verwöhnt ist.

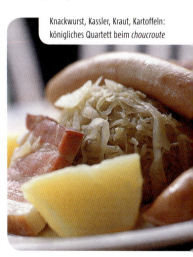

Knackwurst, Kassler, Kraut, Kartoffeln: königliches Quartett beim *choucroute*

# EINKAUFEN

Ein Plüschstorch oder Staubfänger aus Steingut? Wer die einschlägigen Boutiquen und ihre Souvenirs verschmäht, muss trotzdem nicht mit leeren Händen nach Hause kommen. Insbesondere für Feinschmecker, Weintrinker, Freunde von traditionellem Handwerk und Modefans ist das Elsass eine gute Adresse auch unter Shoppingaspekten.

## ANTIKES & SECONDHAND

Die Elsässer sind als gute Franzosen verrückt nach Gebrauchtem, nach Antiquitäten und Schnäppchen. Fündig werden sie auf den zahllosen Flohmärkten *(vide-greniers, marché aux puces)*, die oft fast das ganze Dorf einnehmen. Andere Schnäppchenorte sind das Antiquitätendorf *Village des Antiquaires (4, Rue de la Gare | Sa/So 14–18 Uhr)* in Benfeld oder Secondhand-Kaufhäuser wie *Emmaüs* in Haguenau. Die stets aktuelle Website vide-greniers.org/agendaRegion.php?region=1 gibt das volle Ausmaß der Flohmarktmanie wieder, und www.leboncoin.fr listet Gebrauchtwaren aller Art auf. Ein Tipp für Radler: Da die Rennradnation Frankreich ein Überangebot an erstklassigen Rennrädern hat, finden Sie hier INSIDER TIPP preisgünstige *vélos de course* im Retrostyle.

## DELIKATESSEN & WEIN

In Delikatessenläden und Touristengeschäften, auf Wochen- und Bauernmärkten, ja sogar im Supermarkt lässt sich das Schlemmerland Elsass entdecken. Beliebte Mitbringsel sind *foie gras,* Honig, Konfitüren, Salami und andere Hartwürste, Senf, Essig, Apfelsaft, Bergkäse und Münsterkäse. Wer diesen für daheim einkauft, sollte aber bedenken, dass die lange Fahrt im warmen Auto die Käsereifung beschleunigt – der Käse entwickelt einen beträchtlichen Geruch! Wein kaufen Sie idealerweise ab Hof, Bier am besten in Delikatessengeschäften. Da die Zahl der Mikrobrauereien überschaubar ist, findet sich fast überall ein ähnliches Sortiment. Dort wie auch beim Winzer finden Sie auch die Elsässer *eaux de vie*; am verbreitetsten sind *kirsch, quetsche, framboise* (Himbeergeist) und *mirabelle*.

## KUNSTHANDWERK

Elsässer Steingut ist berühmt. Wie gut, dass die beiden in dieser Hinsicht wichtigsten Orte, Betschdorf und Soufflenheim, gleich vis-à-vis voneinander liegen. In Soufflenheim wacht eine Bruderschaft, die Confrérie des Artisans Potiers de

## Lassen Sie ordentlich Platz im Kofferraum: natürlich für Wein, aber auch für Stilvolles aus Steingut oder Kurioses vom Flohmarkt

Soufflenheim, über die Qualität der 50 Werkstätten und Ateliers; zudem garantiert ein Stempel die lokale Herkunft des Steinguts. Soufflenheims bekanntester Töpfer ist *Michel Streissel (25, Rue de Haguenau | tgl. 10–12 und 14–18 Uhr | www.streissel.com)*, der als Letzter seinen Ofen noch mit Holz anfeuert. In Betschdorf ragen die Künstler *Albert Greiner (Werkstatt in Beinheim | Place de l'Europe | tgl. 9–12 und 14–18 Uhr)* und *Louis Ruhlmann (39, Grand'Rue | keine festen Zeiten)* heraus. Andere Kunsthandwerker arbeiten mit Holz, Leder oder Stoff. Meist stehen sie in einer langen Familientradition und stellen Unikate her.

### MODE

In Sachen Mode geht es fast wie in Paris zu – Straßburgs Modegeschäfte müssen sich nicht verstecken. Der Blick ins Schaufenster zeigt, wie das Land tickt: edler, eleganter, feiner. Damenschuhe gibt es meist nur bis Größe 40. Auch die Sportmode ist typisch französisch: Zwar tragen Frankreichs Jugendliche und Junggebliebene wie überall Sneakers, aber eine Marke wie Le Coq Sportif (erkennbar am gallischen Hahn) gibt es tatsächlich nur links des Rheins. Damit kann man in der Heimat punkten!

### SOUVENIRS & ALSATICA

Kaum eine andere Weltgegend beschäftigt sich so ausdauernd und hingebungsvoll mit der eigenen Heimat und Identität wie das Elsass. So gibt es unzählige Zeitschriften, Bücher und Bildbände, die die Geschichte, Landschaften, Essen und Trinken sowie berühmte Persönlichkeiten thematisieren. Typische elsässische Motive finden sich auf Schlüsselanhängern, auf Schnaps-, Bier- und Weingläsern und auf Bierdeckeln *(sous-bock),* was im Hinblick auf die hiesige Bier- und Weintradition nicht verwundert. Fündig werden Sie in Antiquitätengeschäften und günstiger auf Flohmärkten.

# DIE PERFEKTE ROUTE

## DORFIDYLLEN IM NORDOSTEN

Der zentrale Ausgangspunkt, um das Elsass kennenzulernen, ist ❶ *Straßburg* → S. 44, von wo Goethe einstmals nach Norden ritt. Sie aber nehmen die Landstraße nach ❷ *Sessenheim* → S. 35, wo Sie auf den Spuren des Dichters wandeln und gut einkehren können. Die nächsten Stationen sind die beiden Töpferdörfer ❸ *Soufflenheim und Betschdorf* → S. 35 mit ihren originellen Künstlern und die wunderschönen Fachwerkdörfer ❹ *Hunspach und Seebach* → S. 43 (Foto li.). Im mittelalterlichen ❺ *Wissembourg* → S. 41 mit seinem Bilderbuchviertel Schlupf am Wasser der Lauter können Sie gut essen und schön spazieren gehen. Über sanfte Hügel, vorbei an Kuhweiden, Streuobstwiesen und Pferdekoppeln, fahren Sie dann südwestwärts nach La Petite-Pierre.

## WÄLDER, WANDERWEGE, WASSERFALL

Vom zauberhaft gelegenen ❻ *La Petite-Pierre* → S. 39 im Herz der Nordvogesen führt ein Wanderweg bergab zu den legendären Höhlenwohnungen in ❼ *Graufthal* → S. 39. Wenn Sie danach ❽ *Saverne* → S. 36 erreichen, könnte der Kontrast nicht größer sein, denn beim Rohan-Schloss wurde richtig geklotzt. Auf der Weiterfahrt zum ❾ *Mont Sainte-Odile* → S. 73, auf dem Ihnen das Elsass zu Füßen liegt, lernen Sie das Elsass der Wälder und Burgen kennen. Bei einem Picknick unterwegs am Wasserfall unterhalb der Nidecker Schlösser im Haseltal wird dieses Rendezvous besonders eindrucksvoll.

## BAROCKKIRCHE, BILDERBUCHBURG

Vom Odiliënberg sind es nur 30 Minuten bis zur Barockkirche mit ihren drei Zwiebeltürmen in ❿ *Ebersmunster* → S. 72 im wasserreichen Ried. Mit dem Auto oder dem Fahrrad (Ausleihe im Nachbarort Muttersholtz) erreichen Sie mühelos das für seine Humanistische Bibliothek berühmte ⓫ *Sélestat* → S. 68. Spüren Sie jetzt schon die magischen Kräfte der ⓬ *Hohkönigsburg* → S. 72? Widerstand zwecklos, fahren Sie hin: Schöner ist die Welt der Ritter nirgends!

## WINZERDÖRFER AN DER WEINSTRASSE

Eine andere Seite aus dem Bilderbuch Elsass schlagen Sie auf der Weinstraße mit ihren charmanten Winzerdörfern auf. Steigen Sie in irgendeiner dieser Weinidyllen aus und folgen über Kopfsteinpflaster dem

www.marcopolo.de/elsass

# Erleben Sie die vielfältigen Facetten des Elsass mit Wanderungen in den Vogesen und Flammkuchen an der Weinstraße

Duft von *choucroute* und Flammkuchen ... etwa in ⓭ **Beblenheim** ins *Gambrinus (4, Rue des Raisins | Tel. 03 89 49 02 82 | Mo und mittags geschl. | www.legambrinus.fr | €)*, eine erstklassige Adresse für Biere frisch vom Fass und Flammkuchen aus dem Holzfeuer. Über ⓮ **Kaysersberg → S. 65**, den viel besuchten Geburtsort von Albert Schweitzer, fahren Sie nun hinauf in die Bergwelt der Vogesen. Es wird steil!

## HOCHGENUSS UND GIPFELGLÜCK

Auf der Kammstraße Route des Crêtes fahren Sie zu den höchsten Gipfeln (Le Hohneck, Grand Ballon) und den höchsten Seen. Rund um den ⓯ **Lac Blanc** (Foto u.) entdecken Sie auf einer Wanderung die typische Landschaft (Hochmoore, Seen, Hochweiden) der Vogesen – bei gutem Wetter sogar mit Alpenblick. Die tour-de-France-erprobte Höhenstraße verlassen Sie bei Goldbach-Altenbach.

## IM UNBEKANNTEN SÜDEN

In der Kleinstadt ⓰ **Thann → S. 86** mit ihrer bemerkenswerten gotischen Kirche steigen Sie in die stylishe Tram und fahren hinunter in die gut aufgelegte, schwer unterschätzte Großstadt ⓱ **Mulhouse → S. 76**. Wieder in Thann, ist es mit dem Auto nicht weit bis nach Ungersheim mit seinem ⓲ **Freilichtmuseum → S. 82**. Über ⓳ **Guebwiller → S. 82** im Blumental gelangen Sie auf der N 83 nach ⓴ **Colmar → S. 60**. Wenn Sie Colmar schließlich wieder gen Straßburg verlassen, dann über die Route de Strasbourg, denn dort steht eine Replik der Freiheitsstatue: eine Reminiszenz an den Colmarer Auguste Bartholdi, Schöpfer der New Yorker Lady Liberty.

**Mit allen Abstechern rund 600 km. Empfohlene Reisedauer: mindestens eine Woche. Detaillierter Routenverlauf auf dem hinteren Umschlag, im Reiseatlas sowie in der Faltkarte**

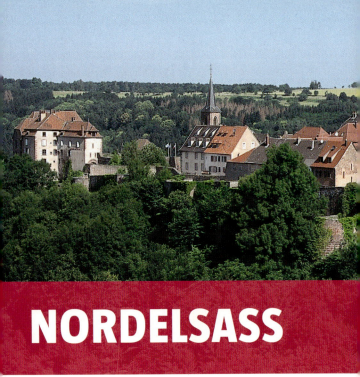

# NORDELSASS

Das oft verkannte Nordelsass ist gar nicht herb, sondern nur etwas weniger lieblich als der weinselige Süden. Hier recken sich Burgen und Felsen gen Himmel und weisen romanische Kirchen, mittelalterliche Städte und einige der schönsten Fachwerkdörfer Frankreichs in die Vergangenheit.

Der Waldreichtum ist nicht zu übersehen – der Norden hat schließlich große Anteile am gut 1300 km² Naturpark Nordvogesen. Würde Goethe hier noch einmal wie anno 1770 durchreiten, er würde sich wohl wieder verlieben. Aber vielleicht würde er heute doch eher radeln oder wandern oder auf einem Hausboot Verse schmieden. Ob zu Wasser, zu Land oder im Wald, das Nordelsass hat sein ganz eigenes Tempo. Entschleunigung inspiriert.

Bild: La Petite-Pierre

# HAGUENAU

(120 C4) (*F4*) Wie eine Insel liegt der Kern von Haguenau (35 000 Ew.) umringt von Moder und Ringstraße in der Nähe des Haguenauer Forsts, eines der größten Waldgebiete Frankreichs. Das im 11. Jh. von den Staufern gegründete Haguenau war später Hauptstadt des 1354 gegründeten Städtebunds Dekapolis heute ist es ein Regionalzentrum, das täglich 12 000 Schüler aufnimmt. Da ist Leben in der Stadt! Und bei schönem Wetter noch mehr, denn auch im Nordelsass weiß man den Alltag mit französischem Savoir-vivre zu gestalten, gerne z. B. in den vielen Cafés oder Brasserien die dann mit Stühlen und Tischen die

# Naturpark Nordvogesen, „Krummes Elsass", Outre-Forêt: Im Norden bestimmen Wälder, Burgruinen und Felsen das Landschaftsbild

Fußgängerzone zwischen Place Barberousse und Grand'Rue okkupieren. Nur sonntags wird es still, und fast alle Restaurants sind geschlossen. Dann haben Sie die Stadt und ihre wenigen, aber markanten Zeugnisse ganz für sich allein.

## SEHENSWERTES

### MUSÉE DU BAGAGE

Das Koffermuseum stellt Klassiker (Louis Vuitton) und Raritäten aus, z. B. einen Nürnberger Metallkoffer aus dem 17. Jh. oder einen Schuhkoffer für die feine Dame. Nehmen Sie sich unbedingt die Zeit für eine Führung! *5, Rue Saint-Exupéry | Sa 10–12 und 14–17 Uhr | Eintritt frei | www.museedubagage.com*

### MUSÉE HISTORIQUE

Das Museum stellt u. a. Glaskunst und Porzellan der berühmten Manufaktur Hannong aus sowie steinerne Überbleibsel der mittelalterlichen Stadt. Im Keller befinden sich römische Fundstücke. *9, Rue du Maréchal Foch | Sa–Mo 14–18, Mi–Fr*

# HAGUENAU

*10–12 und 14–18 Uhr | 3,20 Euro | www.ville-haguenau.fr/musee-historique*

### SAINT-GEORGES
Nicht jeder kommt in den Himmel, auch Mönche nicht, wie das Altarbild dieser Kirche erzählt, deren Anfänge bis ins 12. Jh. zurückreichen. Die Glocken aus dem Jahr 1268 sind die ältesten in Frankreich, die noch in Betrieb sind. In die Außenmauern wurden im Mittelalter Steinmetzzeichen geritzt. *Rue Saint-Georges*

## ESSEN & TRINKEN

### AU CAQUELON
Rösti, Raclette, Fondue und Fleisch vom heißen Stein: ein bisschen Schweiz im Nordelsass. *10, Rue Clemenceau | Tel. 03 88 93 04 04 | tgl. | €*

### WINSTUB LA CIGOGNE GOURMANDE
Das sehr traditionelle Haus serviert in der Saison auch Muscheln und jedes Wochenende Flammkuchen. Im Sommer auch draußen. *13, Rue Meyer | Tel. 03 88 93 30 90 | So/Mo geschl. | €*

## EINKAUFEN

### EMMAÜS
Stöbern und entdecken: Das Secondhand-Kaufhaus ist über die Region hinaus für günstige restaurierte Antiquitäten bekannt. Mit dem Erlös finanziert sich das soziale Projekt Emmaüs selbst. *99, Route de Bischwiller | Mo–Fr 14–17, Sa 9–12 und 14–17 Uhr | www.emmaus-haguenau.com*

### LE FRUITIER
Alles aus der Region, zum Teil biologisch. Dieser 3 km vom Zentrum entfernte Obst- und Gemüsehof an der Straße nach Wissembourg setzt Maßstäbe, was Auswahl Preise und Qualität angeht. Auch Feinkost und ein kleines Lokal mit Tagesgerichten (€). *5, Ferme Densch | Mo 14–19 Di–Fr 10–19, Sa 10–18 Uhr | www.lefruitier.fr*

Die Place d'Armes bildet mit der angrenzenden Place de la République das Zentrum Haguenaus

# NORDELSASS

## AM ABEND

Das Feierabendbier und mehr trinkt man in Straßencafés oder in der gut sortierten Weinbar *Le B'Art (1, Rue du Bouc)*. Konzerte, Tanz etc. finden im *Theater (1, Place du Maire Guntz)* oder auch in der Tapabar *Casa Loca (184, Grand'Rue)* statt.

## ÜBERNACHTEN

### EUROPE HÔTEL HAGUENAU
Schlichter Hotelneubau mit universellem Charme. Mit Pool, Sauna und Restaurant mit französischer Küche. *71 Zi. | 15, Avenue du Professeur René Leriche | Tel. 03 88 93 58 11 | www.europehotel-haguenau.fr | €*

## AUSKUNFT

*1, Place Joseph Thierry | Tel. 03 88 06 59 99 | www.tourisme-haguenau.eu*

## ZIELE IN DER UMGEBUNG

### BETSCHDORF UND SOUFFLENHEIM ★
*(121 D3–4) (ɱ G3–4)*
Keramik und Steingut aus diesen beiden Dörfern 15 km nordöstlich bzw. östlich sind Kult. Sehenswert ist in Betschdorf das *Musée de la Pôterie (2, Rue de Kuhlendorf | Ende April–Sept. Di–Sa 10–12 und 13–18, So 14–18 Uhr | 2,50 Euro)*. Ebenfalls in Betschdorf gibt der pensionierte Werklehrer und Rotweinkenner *Christian Krumeich (23, Rue des Pôtiers | Tel. 03 88 54 40 56)* Töpferkurse *(23 Euro/Std.)* und vermietet drei Zimmer *(€)*. Auf dem Soufflenheimer Friedhof hat sich ein Töpfer mit einer lebensgroßen Nachbildung von Leonardos Fresko „Abendmahl" verewigt. Beide Dörfer wechseln sich mit Töpferfesten am ersten Sonntag im September ab: In geraden Jahren feiert Betschdorf, in ungeraden Soufflenheim.

In Soufflenheim ist das Restaurant *Au Bœuf (48, Grand'Rue | Tel. 03 88 86 72 79 | tgl. | www.boeuf-soufflenheim.com | €)* für seine Königinpastete berühmt. 5 km nordöstlich in Leutenheim-Kœnigsbruck pfeift man in der *Auberge au Vieux Couvent (Tel. 03 88 86 39 86 | Mo/Di geschl. | €€)* auf die Tradition und kocht Fisch mit Speck und Nudelrisotto. Preiswerte Tagesgerichte und Sommerterrasse.

### SESSENHEIM (121 D–E5) (ɱ G4)
Obwohl Goethe seine Geliebte Friederike Brion, eine Sessenheimer Pfarrerstochter,

---

## MARCO POLO HIGHLIGHTS

★ **Le Bruch in Wissembourg**
Wie ein Gemälde aus alter Zeit – eine Komposition aus Wasser und Stein → S. 41

★ **Château de Fleckenstein**
Mehr Weitblick geht nicht. Schauen und staunen auf einer der schönsten Burgruinen → S. 43

★ **La Petite-Pierre**
Ein Schloss, drei Museen und Wald, so weit das Auge reicht → S. 39

★ **Betschdorf und Soufflenheim**
Ein Besuch in den Töpferdörfern → S. 35

★ **Château des Rohan in Sélestat**
Wirklich nicht zu übersehen: 140 m Klassizismus am Stück → S. 36

★ **Plan Incliné**
Schauen, wie Schiffe bergauf fahren → S. 40

# SAVERNE

schon nach einem Jahr im Sommer 1771 verließ, hat man ihn in dem knapp 20 km östlich gelegenen Städtchen (2100 Ew.) doch ins Herz geschlossen. Dem Dichter („Sesenheimer Lieder") sind ein *Mémorial* mit kleinem Museum und ein *Wanderweg* (Symbol roter Kreis) gewidmet. Das INSIDERTIPP *private Goethe-Museum* in der *Auberge Au Bœuf (1, Rue de L'Église | Mo/Di geschl. | Tel. 03 88 86 97 14 | www.auberge-au-boeuf | €€–€€€)* ist mit Drucken, Zeichnungen, Büsten und vielen Büchern liebevoll eingerichtet. Gleich um die Ecke führt der 🌱 *Saftladen Sautter (13, Route de Strasbourg)* Bioapfelsaft und Cidre.

### UTTENHOFFEN (120 B3) (*D E3*)

Wollen Sie mal richtig blaumachen? Das geht besonders gut 15 km nordwestlich in den INSIDERTIPP *Jardins de la Ferme Bleue (21, Rue Principale | Mitte Mai–Sept. Di–Sa 12–18, So 10.30–18 Uhr | 4 Euro | www.jardinsdelafermebleue.com)*, einem blauen Fachwerkhaus mit wunderschöner Gartenanlage, Gästezimmer (€) und sensationell gutem Sonntagsbrunch (€).

# SAVERNE

**(119 E5) (*D5*)** Mit einem der schönsten Fachwerkhäuser des Elsass, der Maison Katz, und mit dem Rohan-Schloss schenkt Saverne (12 000 Ew.) seinen Besuchern wunderbare Augen-Blicke. Das ehemalige Zabern ist noch viel älter, als seine eh schon alte Bausubstanz entlang der Fußgängerzone in der Grand'Rue vermuten lässt. Bereits die Römer gründeten hier die Militärstation Tres Tabernae, um den Weg nach Westen zu sichern. Heute macht die ehemalige Garnisonsstadt dank der Marina des Rhein-Marne-Kanals einen sehr friedlichen und fast schon mediterranen Eindruck. Hier weiß man das Leben von seinen angenehmen Seiten zu nehmen. Die Auslagen der Patisserien und Speisekarten der Restaurants sprechen Bände.

## SEHENSWERTES

### CHÂTEAU DES ROHAN ⭐

Das Schloss mit Frankreichs längster klassizistischer Schlossfassade (140 m) hat Platz genug für eine *Jugendherberge (Tel 03 88 91 14 84 | www.aj-saverne.com | €)* und ein *Heimatmuseum (Musée Municipal | Mitte Juni–Mitte Sept. Mi–Mo 10–12 und 14–18, sonst Mo und Mi–Fr 14–18, Sa/So 10–12 und 14–18 Uhr | 2,70 Euro)*. Der Museumseintritt berechtigt auch zu einem halbstündigen Aufenthalt auf dem ❄ *Schlossdach* – windig, aber mit Weitblick! *Place du Général de Gaulle*

---

## LOW BUDG€T

▶ In Haguenau werden von 15. Juni bis 31. August kostenlose Stadtführungen angeboten. Treffpunkt: *Mi 10 Uhr am Office de Tourisme*

▶ Der Haguenauer Fahrradverleih verlangt für ein ● Citybike nur 1 Euro pro Tag bzw. 2 Euro pro Woche. Karten mit Radwegen und Tourenvorschlägen sind in vielen *offices de tourisme* gratis erhältlich. *Place Désiré Brumbt (am Bahnhof) | Tel. 03 88 94 97 88 | Di–Sa 10–16 Uhr | www.ville-haguenau.fr/velocation*

▶ Die Winzergenossenschaft Cléebourg lädt zu kostenlosen Weinproben ein: *Route de Vin | Tel. 03 88 94 50 33 | Mo–Sa 8–12 und 14–18, So 10–12 und 14–18 Uhr | www.cave-cleebourg.com*

# NORDELSASS

### MAISON KATZ
Das 1605 erbaute Haus eines Steuereintreibers gilt wegen seines Erkers und der Schnitzkunst an der Fassade als Renaissancejuwel. Das schönste Gebäude der Stadt ist heute ein *Restaurant (80, Grand'Rue | Tel. 03 88 71 16 56 | www.tavernekatz.com | tgl. | €–€€€)* mit Sommerterrasse. Berühmt ist es für seinen cent Fischbach meistens *full house*. Im Sommer auch draußen mit Blick auf Hafen und Schloss. *10, Quai du Canal | Tel. 03 88 91 12 23 | Mi, Di-Abend und Sa-Mittag geschl. | www.escale-saverne.fr | €*

### PÂTISSERIE HAUSHALTER
Hier frühstückt Saverne. Die für ihre Pralinen und Schokoladen berühmte Patisserie bietet auch Tagesgerichte für 8 Euro. *66, Grand'Rue | Mo–Fr 7–19, Sa 7–18 Uhr | www.patisseriehaushalter.fr*

Die Fassade des Rohan-Schlosses in Saverne leuchtet in rotem Vogesensandstein

Geflügelauflauf, der im 18. Jh. für Königin Marie-Antoinette erfunden wurde.

### ROSERAIE
Seit mehr als 100 Jahren blüht hier Saverne auf. Auf 8000 Rosenstöcken wachsen 550 Arten, deren schönste Blüte im späten Frühjahr ist. Mitte Juni gibts ein Rosenfest. *Route de Paris | Mitte Mai–Aug. tgl. 10–19, Sept. 14–18 Uhr | 2,50 Euro | www.roseraie-saverne.fr*

## ESSEN & TRINKEN

### CAVEAU DE L'ESCALE
Dank Muttis Pfännchenrezepten, *buwespätzles* und Flammkuchen hat Wirt Vin-

## EINKAUFEN

Saverne is(s)t süß. Während *Jacques Bockel (77, Grand'Rue | www.planet-chocolate.com)* liebevoll das Kamasutra in Schokolade gießt, zaubert Philippe Oberling alias *Chocolatier Philippe (21, Grand'Rue)* Pralinen mit Hopfen und Zimt. Ein erlesener Sammler feiner Genüsse ist Pierre Huser in der *Délicathèque (104, Grand'Rue | www.ladelicatheque.fr)*, der seine Schätze auf Wanderungen durch Frankreichs Weingärten entdeckt.

# SAVERNE

## FREIZEIT & SPORT

### RADFAHREN
Topfeben sind die meist geteerten Treidelpfade längs des Rhein-Marne-Kanals, Berg-und-Tal-Fahrten versprechen dagegen die Vogesen. Fahrräder, Tandems und E-Bikes verleiht *Cycles Ohl (10, Rue Saint Nicolas | Tel. 03 88 91 17 13 | Di–Fr 9–12 und 14–19, Sa 9–12.30 und 14–17.30 Uhr | ab 14,50 Euro/Tag)*.

### WANDERN
Das wegen der Rundumsicht auch als „Auge des Elsass" bekannte *Château du Haut-Barr* und die *Grotte Saint-Vit* mit ihrem wunderbaren Garten sind lohnende Wanderziele von Saverne aus. Auf der anderen Seite der Zaberner Steige, bei Ernolsheim-lès-Saverne, locken *Mont Saint-Michel* mit der Kapelle Michelsberg und der *Daubenschlagfelsen*.

## AM ABEND

Abends sitzt man schön am Kanal und in den Straßencafés und trinkt ein „Elsass"-Bier der in Saverne ansässigen Brasserie Licorne.

## ÜBERNACHTEN

### HÔTEL CHEZ JEAN
Dreisternehotel, das den Elsassstil sehr leicht interpretiert. Mit Sauna, Hamam und Massagen sowie elsässischem Restaurant (€€). *40 Zi. | 3, Rue de la Gare | Tel. 03 88 91 10 19 | www.chez-jean.com | €€*

### LE CLOS DE LA GARENNE
Sébastien Schmitt gibt als Koch und Innenarchitekt den Künstler; die Zimmer sind sehr originell eingerichtet. Mit Traum- und Kräutergarten, Sauna und wundervoller Aussicht von der Zaberner Halbhöhe. *14 Zi. | 88, Rue du Haut Barr | Tel. 03 88 71 20 41 | closgarenne.unblog.fr | €–€€*

### VILLA KATZ
Das Faible der Chefin sind provenzalische Küche und schöner Wohnen. Ganz im Sinne der Vorvorvorbesitzerin, einer Cousine Kaiser Wilhelms. Schwelgen Sie! *7 Zi. | 42, Rue du Général Leclerc | Tel. 03 88 71 02 02 | www.tavernekatz.com | €–€€*

## AUSKUNFT

*37, Grand'Rue | Tel. 03 88 91 80 47 | www.ot-saverne.fr*

## ZIELE IN DER UMGEBUNG

### ALSACE BOSSUE
(118 C3–4) (*B–C 3–4*)
Ganz im Nordwesten liegt das touristisch kaum bekannte Krumme Elsass. Sehenswert dort sind u. a. die Kirche in *Berg* und *Schloss Diedendorf (Mitte Juli–Aug. Führungen Di–So 16 Uhr | 5 Euro | www.chateau-de-diedendorf.com)* mit seinen **INSIDER TIPP** Renaissancemalereien, die zu den schönsten in Ostfrankreich zählen. Im *Bistrot Gare Café (9, Route Nationale | Tel. 03 88 00 99 46 | Mo, Di-Abend, Mi-Abend und Do-Abend geschl. | €)* in Siewiller wird ein phantastisch guter Flammkuchen aufgetischt.

### BOUXWILLER (119 F4) (*D4*)
Das 15 km nordöstlich gelegene Bouxwiller (3900 Ew.) lohnt vor allem wegen des **INSIDER TIPP** *Musée Judéo-Alsacien (62 Grand'Rue | Di–Fr 14–17, So 14–18 Uhr | 6 Euro | www.sdv.fr/judaisme)* in der ehemaligen Synagoge einen Besuch. Es widmet sich dem Elsässer (Land-)Judentum wie es bis 1940 existierte, und ist reich mit Alltagsgegenständen, religiösen Utensilien und Fotografien bestückt. In

# NORDELSASS

der Rue des Juifs steht ein besonders schönes Fachwerkhaus.

### GRAUFTHAL (119 D4) (*C4*)
Kaum zu glauben: Noch bis 1958 lebten Menschen in den **INSIDER TIPP** in den Sandstein gehauenen Wohnungen im gut 17 km nördlich gelegenen Dorf. Die letzte Bewohnerin dieser *maison roches*, Katharina Ottermann („Felsenkäthe"), wurde darin 82 Jahre alt. Fließend Wasser gab es nur bei Regen, die Böden waren uneben, die Räume ständig nasskalt. *April–Sept. Mo/Di 14–18, Mi–Sa 10–12 und 14–18, So 10–12.30 und 14–18.30 Uhr | 2,50 Euro | www.ot-paysdelapetitepierre.com*

### HOCHFELDEN (120 A5) (*E4*)
Die letzte große Familienbrauerei des Elsass, Meteor, im gut 15 km östlich gelegenen Hochfelden öffnet im Juli und August ihre Tore. Führung (1,5 Std.) und Bierprobe nur mit Anmeldung! *6, Rue du Général Lebocq | Tel. 03 88 02 22 22 | Juli/ Aug. Mo–Do 14 Uhr | 4 Euro | www.brasserie-meteor.fr*

### KIRRWILLER (119 F4) (*E4*)
20 km nordöstlich installierte Adam Meyer im Dorf Kirrwiller seine Music Hall **INSIDER TIPP** *Royal Palace,* ein Cabaret im Stil des Moulin Rouge: Dancing, Show und nackte Haut. Frankreichs schönste Girls tanzen hier. *20, Rue de Hochfelden | Tel. 03 88 70 71 81 | www.royal-palace.com | Menü und Show ab 50 Euro*

### LA PETITE-PIERRE ★ ☼
(119 E4) (*C4*)
Gut 20 km nördlich zieht Lützelstein („kleiner Stein"), wie La Petite-Pierre auf Deutsch heißt, die Ausflügler magisch an. Die Lage im Naturschutzgebiet ist einfach zu schön, vor allem wenn im Herbst das Laub in allen Farben leuchtet. Lützelstein

In den Sandstein gegraben: die Höhlenhäuser im Dörfchen Graufthal

geht auf eine Burg zurück und wurde von Sébastien Vauban zur Festung ausgebaut. Vor besagter Festung befindet sich die Flammkuchenwirtschaft *Restaurant du Château (5, Rue du Chateau | Tel. 03 88 70 45 18 | Do-Abend und Mo geschl. | €).* Herausragend ist ● ☺ *La Clairière (50 Zi. | 65, Route d'Ingwiller | Tel. 03 88 71 75 00 | www.la-clairiere.com | €€€),* immer noch Frankreichs einziges Biohotel, mit Spa, Wellness und Angeboten wie Kräuterwanderungen. Das französische Restaurant verwendet nur biologische Produkte.

# SAVERNE

**MARMOUTIER** (119 E6) (*D5*)
Die 7 km südlich gelegene Klosterkirche der im 6. Jh. gegründeten Abtei gilt wegen ihres Figurenschmucks an der Westfassade und romanischer, aber auch gotischer Elemente als schönste romanische Kirche des Elsass. Im Juli und August finden regelmäßig Konzerte auf der Silbermannorgel statt. *www.marmoutier.net*

**MEISENTHAL** ● (119 E3) (*D3*)
40 km nördlich wird hier in der *Maison du Verre et du Cristal* wie seit eh und je Glas geblasen. Das *Museum (Place Robert Schuman | Ostern–Okt. Mi–Mo 14–18, Mitte Nov.–Mitte Dez. 14–17 Uhr | 6 Euro | www.parc-vosges-nord.fr)* stellt die Designer (Daum, Gallé und Lalique) vor, dazu gibt es Glasbläservorführungen.

**NEUWILLER-LÈS-SAVERNE** (119 E4) (*D4*)
12 km nördlich in Neuwiller-lès-Saverne stehen zwei bemerkenswerte Gotteshäuser. Die jüngere, protestantische Kirche *Saint-Adelphe* aus dem frühen 13. Jh. wurde im romanisch-gotischen Übergangsstil gebaut. Die wesentlich ältere katholische Abteikirche *Saint-Pierre et Saint-Paul* von 720 gilt als eine der stilistisch vielfältigsten Kirchen. Die karolingische Krypta und die romanische Kapelle wurden um ein gotisches Langhaus und eine klassizistische Fassade mit Turm erweitert.

**PLAN INCLINÉ** ★ (119 D5) (*C5*)
Das 18 km westlich bei Saint-Louis Arzviller gelegene Schiffshebewerk transportiert Schiffe in einer Art Badewanne den Berg hoch. Vormals mussten die Schiffe 17 Schleusen passieren, um den Höhenunterschied auszugleichen! Diese sind über einen Wanderweg zu besichtigen. Vor Ort gibts auch eine Sommerrodelbahn. *April und 1. Okt.-Hälfte Di–So 10–11.45 und 13.30–16.45, Mai/Juni und Sept. 9.45–11.45 und 14–17.30, Juli/Aug. tgl. 10–17.45 Uhr | 4 Euro | www.plan-incline.com*

**WINGEN-SUR-MODER** (119 E3) (*D3*)
René Lalique (1860–1945) wusste, was Frauen gefällt. Als Jugendstilkünstler und

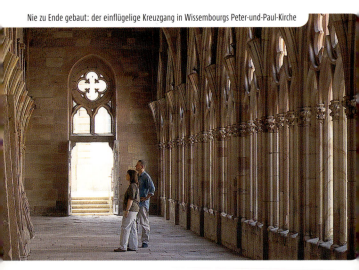

Nie zu Ende gebaut: der einflügelige Kreuzgang in Wissembourgs Peter-und-Paul-Kirche

www.marcopolo.de/elsass

# NORDELSASS

„Großmeister des Glases" verwandelte er Broschen, Ringe und Kämme samt ihrer Trägerinnen in Kunstwerke. Das vorbildlich eingerichtete INSIDER TIPP ▶ *Musée Lalique* (Rue du Hochberg | April–Sept. tgl. 10–19, Okt.–Dez. und Feb./März Di–So 10–18 Uhr | 6 Euro | www.musee-lalique. com) im 32 km entfernten Wingen-sur-Moder stellt auch Flacons aus.

# WISSEM-BOURG

(121 D2) (*ϕ* G2) Zwischen Blumen und Honig, Wurst und Käse, Brot und Brioche mischen sich jeden Samstagmorgen auf dem Weißenburger Wochenmarkt die Sprachen. Französisch, Elsässisch und Deutsch werden munter parliert, was keinen wundert, ist Wissembourg (8000 Ew.) doch Grenzstadt. Kaum hat sich der Markt verlaufen, strömen die Menschen übers Kopfsteinpflaster zu „ihrer" *winstub* oder ins Lieblingscafé. Zur kulinarischen Lust gesellt sich in Weißenburg noch die Augenlust, die mit etlichen Gebäuden ordentlich Futter bekommt. Die Stadt, die sich im 7. Jh. aus einem Kloster entwickelte, lässt sich gut zu Fuß erkunden oder mit dem Touristenbähnchen, das bis zum Deutschen Weintor hinter der Grenze tuckert.

## SEHENSWERTES

### LE BRUCH ⭐

Der Bruch ist ein relativ „neuer" Stadtteil, der im 15. Jh. außerhalb der Stadtmauern dem Sumpf abgerungen wurde. Prächtige Patrizierhäuser, der *Husgenossenturm* und die *Maison de l'Ami Fritz* im Stil der Renaissance säumen die Lauter. Von hier aus bieten sich Spaziergänge ums Städtchen an.

### MAISON DU SEL

Da im Mittelalter die Baufläche besteuert wurde, aber nicht die Bauhöhe, wurde die Baukunst ganz wörtlich auf die Spitze getrieben. Das 1430 erbaute Haus mit der imposanten Dachkonstruktion diente nacheinander als Hospital, Salzspeicher und Schlachthaus. *Avenue de la Sous-Préfecture*

### SAINTS PIERRE ET PAUL

Widersprüchlich und schön: Der eine Kirchturm ist romanisch, der andere gotisch. Eingang und Rosette sind auf der Südseite, statt wie üblich nach Westen ausgerichtet. Der Kreuzgang blieb unvollendet. *Rue du Châpitre*

### INSIDER TIPP ▶ LE SCHLUPF

Das definitiv schönste Fotomotiv in Wissembourg bietet sich von dieser Brücke über die Lauter in der Rue de Passerelle. Der Name Le Schlupf kommt von hindurchschlüpfen – nämlich von einem Stadtteil in den anderen. Ein wunderbarer Platz zum Eisschlecken (nebenan ist eine Eisdiele).

## ESSEN & TRINKEN

### RESTAURANT DE L'ANGE

Das Traditionshaus ist für seine *schneiderspaettel* bekannt, eine alemannische Variante der Lasagne mit Forelle und Zwiebelkompott. Chefkoch Ludwig Pierre bietet auch Kochkurse an der Volkshochschule an. *2, Rue de la République | Tel. 03 88 94 12 11 | Mo/Di geschl. | www.restaurant-ange.com | €€–€€€*

### À L'HOMME SAUVAGE

Christian Strasser ist ein singender Gute-Laune-Koch; seine Spezialitäten sind *baeckeoffe*, Flammkuchen – und Schlager. *3, Rue de l'Ours | Tel. 03 88 54 34 44 | Mo-Mittag geschl. | €*

# WISSEMBOURG

Grandiose Aussicht: Felsen der Ruine Fleckenstein in den Nordvogesen

## EINKAUFEN

Leben wie Gott in Frankreich! Während *Criqui-Matern (6, Rue de la République)* Weißenburgs erste Adresse für *kougelhopf* ist, zählt die INSIDER TIPP *Pâtisserie Rebert (7, Place du Marché aux Choux)* in Sachen Schokolade zur ersten Garde im Elsass. Herzhafter ist das Sortiment in der für ihre Blutwürste bekannten *Boucherie Schimpf (9, Rue Nationale)* und im *Escapade Gourmande (4, Rue du Marché aux Poissons)* mit Käse, Wurst und biodynamischem Champagner. Sekt und Crémant in großer Auswahl vertreiben die *Caves de Wissembourg (Allée des Peupliers)*. Riesling und Co. (auch Bio) führt die *Cave Vinicole de Cléebourg (Route du Vin)* im nahen Cléebourg.

## FREIZEIT & SPORT

### VOLKSHOCHSCHULE

Die deutsch-französische Volkshochschule bietet regelmäßig eintägige kulinarische Seminare, die von den hiesigen gastronomischen Koryphäen geleitet werden. *15, Rue de la Pépinière | Tel. 03 88 94 95 64 | www.up-pamina-vhs.org*

## ÜBERNACHTEN

### HOSTELLERIE AU CYGNE

Die romantischste Adresse der Stadt, die auch mit ihrer französisch-elsässischen Küche (€€) überzeugt. *22 Zi. |3, Rue du Sel | Tel. 03 88 94 00 16 | www.hostellerie-cygne.com | €–€€€*

### LE SAUMON

Das Restaurant am Fluss bietet zwar keine Fischküche, dafür aber Flammkuchen in zig Varianten, auch mit dem namensstiftenden Lachs. Durchgängig warme Küche. *3, Place Saumon | Tel. 03 88 94 13 95 | tgl. | €*

### AU MOULIN DE LA WALK

Die zum Hotel umgebaute Mühle liegt zehn Gehminuten vom Zentrum hübsch im Grünen am Ufer der Lauter. Mit Restaurant (€–€€). *25 Zi. | 2, Rue de la Walk | Tel. 03 88 94 06 44 | www.moulin-walk.com | €*

www.marcopolo.de/elsass

# NORDELSASS

## AUSKUNFT

*11, Place de la République | Tel. 03 88 94 10 11 | www.ot-wissembourg.fr*

## ZIELE IN DER UMGEBUNG

### CHÂTEAU DE FLECKENSTEIN ★ ☼
(120 C2) (*F2*)

Erobert, zerstört, wieder aufgebaut und wieder zerstört: Von der gut 20 km westlich gelegenen Ruine (Zufahrt zur Burg über Lembach) reicht der Blick über Nordvogesen und Pfälzer Wald, die hier ohne erkennbare Grenzen zusammenwachsen. Der Vier-Burgen-Wanderweg, der auch über deutsches Gebiet verläuft, führt am Hotelrestaurant *Gimbelhof (Tel. 03 88 94 43 58 | Mo/Di geschl. | www.gimbelhof.com | €)* vorbei. *Ende März–Mitte Nov. Kernzeit tgl. 10–17.30, Jan.–Mitte März So 12–16 Uhr | 3 Euro | www.fleckenstein.fr*

### INSIDER TIPP HUNSPACH UND SEEBACH (121 D3) (*G3*)

Große, offene, blumengeschmückte Gehöfte: Zwei der schönsten Dörfer Frankreichs machen sich 10 km südlich Konkurrenz. In Hunspach vermietet die *Maison Ungerer (3, Rue de Hoffen | Tel. 03 88 80 59 39 | www.maison.ungerer.com | €)* drei Gästezimmer. Seebach hat mit der Streisselhochzeit im Juli eines der größten Volksfeste des Elsass, das die gute alte Zeit mit ihren Bräuchen wieder aufleben lässt. In Seebach residiert zudem das einzige (Bio-)Weingut der Region, die ☺ *Maison Jülg (116, Rue des Églises | Tel. 03 88 94 79 98 | Do/Fr 14–17, Sa 9–12 und 13–18 Uhr)*, die auch ein paar Gästezimmer (*€*) vermietet.

### MAISON RURALE DE L'OUTRE-FORÊT
(121 D3) (*F3*)

Das Freilichtmuseum 17 km südlich in Kutzenhausen widmet sich dem bäuerlichen Leben früherer Zeiten, als Suppen noch auf dem Feuerherd gekocht wurden. Jeden Sommer finden hier Konzerte, Handwerkervorführungen und kulinarische Workshops statt. *1, Place de l'Église | April–Sept. Di–Fr 10–12 und 14–18, So (Juli/Aug. auch Sa) 14–18, Okt.–Dez. und Mitte Feb.–März Mi und So 14–18 Uhr | 4,50 Euro | www.maison-rurale.fr*

### MERKWILLER-PECHELBRONN
(120 C3) (*F3*)

20 km südlich in Merkwiller-Pechelbronn sprudelte bis 1970 Europas älteste Erdölquelle (seit 1498!). Das *Ölmuseum (4, Rue de l'École | April–Okt. Do und So, Mitte Juli–Mitte Aug. Di–So 14.30–18 Uhr | 4 Euro | www.musee-du-petrole.com)* sowie die Arbeitersiedlung *Boussingault* erinnern an diese Ära.

### OUVRAGE DE SCHŒNENBOURG ●
(121 D3) (*G3*)

Weil Frankreich nach dem Ersten Weltkrieg eine deutsche Revanche befürchtete, baute es an seiner Ostgrenze eine Kette von unterirdischen Festungen: die Maginotlinie. Im Blitzkrieg 1940 wurde das Bollwerk von der deutschen Wehrmacht umgangen und blieb so gut wie unversehrt. Das *Artilleriewerk Schœnenbourg* gut 10 km südlich beim gleichnamigen Dorf kann als eines der wenigen besichtigt werden. In bis zu 30 m Tiefe befinden sich Küche, Lazarett, Kraftwerk und Werkstätten. Auch eine Schmalspurbahn wurde gebaut. *Mitte April–Sept. tgl. 14–16, So auch 9.30–11, Okt. Sa 14–16, So 9.30–11 und 14–16 Uhr | 7 Euro | www.lignemaginot.com*
Eine weitere Anlage befindet sich in Lembach *(Four à Chaux | nur mit Führung Mai–Sept. tgl. 10.30, 14, 15, 16, April und Okt. tgl. 14 und 15, Nov.–März Sa/So 14.30 Uhr | 6,50 Euro | www.lignemaginot.fr)*.

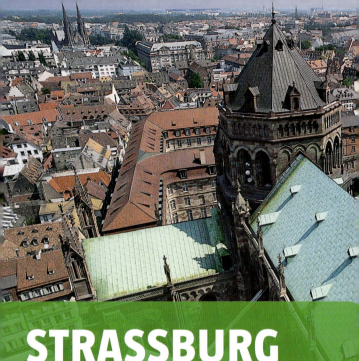

# STRASSBURG

**KARTE IM HINTEREN UMSCHLAG**
*(123 E–F2) (⌘ E–F6)* Direkt vor dem Hauptportal der Kathedrale sitzt ein stämmiger Mann und stimmt einen engelsgleichen Gesang an: Obertonmusik. Noch in Sichtweite schmettert eine Gipsy-Kapelle ihre Lieder, während sich gegenüber ein Pantomime in Zeitlupe bewegt. Vielleicht findet heute auch eine Demo statt, für oder gegen was auch immer, ganz sicher aber ein Markt mit Obst, Gemüse, Wurst, Käse und Klamotten.

Das ist Straßburg, die Straßencafés sind voll, an jeder Ecke ist etwas los, das Stimmengewirr babylonisch. Menschen aus ganz Europa und der halben Welt haben hier ein Zuhause gefunden, drei Weltreligionen können sich hier entfalten, und jährlich möchten Millionen die *capitale Européene* (270 000 Ew.) anschauen. Und da gibt es ja bekanntlich vieles zu bestaunen rund ums Münster, in dieser riesigen Fußgängerzone auf dem Weltkulturerbe der Grande Île, dort, wo schon die Römer vor über 2000 Jahren ihre Zelte aufschlugen.

Nach diesen kamen die Alemannen, später Merowinger, Deutsche, Franzosen und im 20. Jh. ein Sprachenwechsel. Hat es der ehemaligen „Silberburg" – so die Übersetzung ihres lateinischen Namens Argentoratum – etwa geschadet? Nein, auch wenn sie die Veränderungen ungefragt mitmachen musste, hat sie doch davon profitiert, wie die vielfältige und wahrhaftig europäische Bausubstanz bestens illustriert. Da gibt es Fachwerk zuhauf, mal klein und windschief, mal

Bild: Blick auf Straßburg vom Turm des Münsters

**Weltoffen und gemütlich: Die multikulturelle Europastadt vereint deutsches Erbe und französische Lebenskunst zu einem tollen Mix**

### CITY WOHIN ZUERST?

Bester Ausgangspunkt ist die **Place Gutenberg (U C4)** *(c4);* von dort sind es jeweils maximal 250 m zur Place Kléber, zum Palais Rohan an der Ill, zur Kathedrale und ins Altstadtviertel mit der Place Marché Gayot. Ein Parkhaus liegt direkt am Platz, die Tramlinien A und D halten keine fünf Gehminuten entfernt an der Station Grand'Rue.

prachtvoll und mächtig, Zeugnisse jener Epoche, als Straßburg Freie Reichsstadt war und Nationalstaaten noch unbekannt. Auch klassizistische Paläste und strenge Plätze finden sich wie überall, wo Frankreichs Statthalter sich verewigen durften. Aber gerade auch die relativ kurze deutsche Epoche hat die Stadt mit Historismus und Jugendstil deutlich geprägt.

Dennoch: Straßburg ist heute Strasbourg, eine augenscheinlich französische Stadt, die sehr selbstbewusst als Handels-, Wirt-

Prachtvoll: Westportal des Münsters

schafts- und Bildungszentrum das Heft in die Hand nimmt und sich wieder und wieder städtebaulich neu erfindet. Bei aller Urbanität hat sich Straßburgs alemannische Seele erhalten. „Stroßburis" Sehnsucht heißt Gemütlichkeit, auch wenn sie wie alle Metropolen mit Theater-, Tanz- und Musikfestivals ganz schön auf den Putz haut.

## SEHENSWERTES

### L'AUBETTE 1928 (U B4) (*b4*)
Das klassizistische Gebäude wurde 1927/28 für die Künstler Hans Arp, Sophie Taeuber und Theo van Doesburg zum Glücksfall. Das Kreativentrio gestaltete den Vergnügungspalast mit Restaurant, Bar, Kino im puristisch-abstrakten Geist der niederländischen Künstlergruppe De Stijl um, was damals in der Stadt auf wenig Gegenliebe stieß. Ende der Dreißigerjahre war alles wieder verschwunden. Erst in den Neunzigerjahren fand man den Mut, den alten Zustand wiederherzustellen. *Place Kléber | Mi–Sa 14–18 Uhr | Eintritt frei | www.musees.strasbourg.eu*

### BLINDEN-STADTMODELL (U C5) (*c5*)
Das 2012 vom deutschen Künstler Egbert Broerken geschaffene Bronzemodell veranschaulicht die Grande Île (Innenstadt) mit der Kathedrale. Der Sockel wurde vom Elsässer Raymond Émile Waydelich gestaltet. Die Beschriftung erfolgte in der Blindenschrift Braille. *Place d'Austerlitz*

### BOIS DE LA ROBERTSAU (O) (*O*)
Picknicken, spazieren gehen, Fußball spielen: Der Park in der Robertsau ist groß genug für alles Mögliche, so auch für Kunstwerke wie Barry Flanagans Hase „The Bowler". Folgt man dem Rheindamm, wird aus dem Park eine Rheinauenlandschaft mit Seen. Auf der Insel des ersten Sees grasen Tarpanpferde, das *Karpfenloch* ist den Enten, Schwänen und Bisamratten reserviert und der *Blauelsand* den Menschen als Badesee.

### CATHÉDRALE NOTRE-DAME
(U C4) (*c4*)
Von der elsässischen Ebene kommend, sieht man lange Zeit nur das Straßburger Liebfrauenmünster, die Stadt selbst erst viel später. Wie mag der Eindruck in früheren Zeiten gewesen sein, als Straßburg noch keine Hochhäuser kannte? Bis 1875 war das 144 m hohe Liebfrauenmünster das höchste Gebäude der Welt. Seine Ursprünge liegen in einer romanischen

# STRASSBURG

Kirche; nach einem Blitzeinschlag wurde es von 1176 bis 1439 nach dem Vorbild der gotischen Kathedralen Frankreichs aus dem roten Sandstein der Vogesen erbaut. Herausragend im Wortsinn ist der 142 m hohe Nordturm, der trotz anderer Vorsätze nie ein zweites Pendant bekam. Stattdessen hat die Kirche eine über 332 Stufen zu erreichende *Plattform (April–Sept. tgl. 9–19.15, Juli/Aug. Fr/Sa länger, Okt.–März 10–17.15 Uhr | 5 Euro)*, auf der schon der junge Goethe seine Höhenangst besiegen wollte.

Im Inneren gehören u. a. Altäre, Rosette, Bleiglasfenster, Wandteppiche sowie die astronomische Uhr mit *Apostelprozession (Mo–Sa 12 Uhr | 2 Euro)* zu den bemerkenswerten Besonderheiten. Das Uhrwerk mit einer Erdbahn, einer Mondbahn und den Bahnen der damals bekannten Planeten Merkur bis Saturn stammt vom genialen Straßburger Uhrmacher Jean-Baptiste Schwilgue (1776–1856). Sein Zeitmesser schlägt – weltweit einmalig! – 12.30 Uhr und hat Zahnräder, die die Präzession der Erdachse nachbilden, sich also für eine Umdrehung 25 800 Jahre Zeit lassen. Ein Höhepunkt ist ein Besuch am 20. März (sowie an den fünf folgenden Tagen) zur Tag-und-Nacht-Gleiche. Dann fällt durch ein Fenster der Südfassade ein grüner Lichtstrahl über das Haupt Christi auf den Baldachin der Kanzel.

Zu den immerwährenden Glanzlichtern gehören die Portale mit ihrem Harfenmaßwerk sowie die unzähligen Figuren und Wasserspeier. Etliche Originale sind gegenüber in der ehemaligen Münsterbauhütte, dem **INSIDER TIPP** *Musée de l'Œuvre Notre-Dame (2, Rue du Vieux Marché aux Poissons | Di–Fr 12–18, Sa/So 10–18 Uhr)*, aus der Nähe zu sehen. Dort befindet sich auch Straßburgs schönste steinerne Wendeltreppe, an der sich die damals besten Bildhauer der Welt verkünstelten. Und im Sommer wird die Frontseite zur Projektionsfläche für Lichtspiele. Interessant sind auch die Glocken: Sie wiegen rekordverdächtige 32 t. Das Münstergeläut zählt zu den schönsten Europas. Die beste Sicht auf Rosette und Kirche haben Sie übrigens von der Rue Mercière. *Place de la Cathédrale | tgl. 7.30–11.30 und 12.40–19 Uhr | www.cathedrale-strasbourg.fr*

### INSIDER TIPP CAVE HISTORIQUE DES HOSPICES DE STRASBOURG
(U C5) (c5)

Im 1392 erbauten Weinkeller des Bürgerhospitals schlägt das Herz des Elsässer Weins. Hier lagern die besten Tropfen eines jeden Jahrgangs. Sie können hier

---

## MARCO POLO HIGHLIGHTS

★ **Petite France**
Heimelig und schön: durchs alte Straßburg flanieren → S. 50

★ **Cathédrale Notre-Dame**
Eine der schönsten Kirchen der Welt → S. 46

★ **Bootsfahrt auf der Ill**
Standrundfahrt mal anders: im Panoramaboot vom Mittelalter nach Europa → S. 55

★ **Musée d'Art Moderne et Contemporain (MAMC)**
Groß und gut: der Straßburger Kunsttempel → S. 49

★ **Europaviertel**
Wo Europa architektonisch gut dasteht → S. 48

★ **Chez Yvonne**
Traditionelle Weinstube: das Elsass zum sattsehen und satt essen → S. 53

nicht nur das Gebäude besichtigen, sondern auch einkaufen. Der älteste Rebensaft allerdings stammt aus dem Jahr 1472 und ist unverkäuflich. *1, Place de l'Hôpital | Mo–Fr 8.30–12 und 13.30–17.30, Sa 9–12.30 Uhr | www.vins-des-hospices-de-strasbourg.fr*

### EUROPAVIERTEL ★ (U F1) (M f1)

Seinem Namen als Europastadt macht Straßburg alle Ehre. Gegenüber der Orangerie stehen an den Ufern des Bassin de l'Ill die Glas- und Stahlpaläste des Europäischen Parlaments, des Europa-

### GARE (U A3–4) (M a3–4)

Einer Großstadt würdig ist der 1883 eingeweihte Bahnhof im Stil der Neorenaissance, der 2006/2007 eine gläserne Ummantelung bekam. Da man im 19. Jh. mit einem erneuten deutsch-französischen Krieg rechnete, wurde der Bahnhof durch Wehranlagen befestigt. Das überdimensionale Kriegtor im Rücken des Bahnhofs erinnert daran.

### MAISON KAMMERZELL (U C4) (M c4)

Obwohl es direkt neben dem Münster klein wirkt, ist das 1467 erbaute Bürger-

Transparenz symbolisiert der Glaspalast, in dem das Europaparlament tagt

rats und des Europäischen Gerichtshofs für Menschenrechte. Nur einen Steinwurf entfernt steht ein anderes architektonisches Meisterstück, die 1920 für Arbeiter erbaute Gartenstadt *Cité Ungemach*. Hin kommen Sie mit der Tramlinie E. *Kostenlose Besichtigungen nach Anmeldung: Europaparlament Tel. 03 88 17 45 74, Europarat Tel. 03 88 41 20 29*

haus ein Fachwerkpalast. Der schönste Renaissance-Fachwerkbau der Stadt ist heute ein Hotel *(9 Zi. | €€€)* und ● Restaurant *(16, Place de la Cathédrale | Tel 03 88 32 42 14 | www.maison-kammerzell.com | €€–€€€)* mit Sommerterrasse Das Restaurant ist mit drei großen Wandmalereien (Tantalosqualen, Henkersmahlzeit, Narrenschiff) des elsässischen

# STRASSBURG

Jugendstilkünstlers Léo Schnug von 1904 bemalt, von dem auch die Wandmalereien in der Hohkönigsburg stammen.

### INSIDER TIPP ▶ MUSÉE ALSACIEN (U C5) (*m* c5)

Das schon 1907 gegründete, in einem Fachwerkbau aus dem 17. Jh. untergebrachte Elsässische Museum zeigt originalgetreu eingerichtete Räume, z. B. eine Wohnstube im Renaissancestil, eine Apotheke, eine Schmiede und vieles mehr. Jeder Raum ist reich bestückt mit Möbeln, Gemälden, Alltagsgegenständen, Werk- und Spielzeug der jeweiligen Epoche. *23–25, Quai Saint-Nicolas | Mo und Mi–Fr 12–18, Sa/So 10–18 Uhr | 6 Euro | www.musees.strasbourg.eu*

### MUSÉE D'ART MODERNE ET CONTEMPORAIN (MAMC) ★ (U A5) (*m* a5)

Der Fundus des Museums für Moderne und Zeitgenössische Kunst ist unglaublich groß, sodass ständig neue, immer wieder überraschende Ausstellungen aus dem Hut gezaubert werden. Stark vertreten sind die Straßburger Künstler Hans Arp und Gustave Doré. Der Museumsshop ist außergewöhnlich gut mit Fotobänden, japanischen Zeichenbüchern und Kunstbänden bestückt. *1, Place Jean Arp | Di–So 10–18 Uhr | 7 Euro | www.musees.strasbourg.eu*

### MUSÉE HISTORIQUE (U C5) (*m* c5)

Reiche Stadt, reiche Geschichte: Straßburgs unterschiedliche Epochen werden im Historischen Museum ausgiebig gewürdigt – mit Mode, Waffen, Alltagsgegenständen und einem 78 m$^2$ großen Stadtmodell aus dem Jahr 1727, das auch einen Überblick über den damals noch ungebändigten Rhein und seine vielen Flussarme gibt. *2, Rue du Vieux Marché aux Poissons | Di–Fr 12–18, Sa/So 10–18 Uhr | 6 Euro | www.musees.strasbourg.eu*

### MUSÉE TOMI UNGERER (U D3) (*m* d3)

Aus allen Schaffensperioden des Straßburger Zeichengenies sind hier Plakate, Zeichnungen und Fotografien ausgestellt. Das Museum wechselt ein- bis zweimal pro Jahr komplett die Bilder und Objekte und stellt auch Zeichner und Illustratoren aus, die mit Ungerer in Verbindung stehen. Die nicht jugendfreien Werke des Bürgerschrecks befinden sich im Keller. *2, Avenue de la Marseillaise | Mo und Mi–Fr 12–18, Sa/So 10–18 Uhr | 6 Euro | www.musees.strasbourg.eu*

### MUSÉE ZOOLOGIQUE (U E4) (*m* e4)

Nachgebaute Arktis- und Andenlandschaften mit präparierten Tieren schaffen im Zoologischen Museum eine fast perfekte Illusion. Die Sammlung ist eine der größten Frankreichs. *29, Boulevard de la*

## LOW BUDG€T

▶ Straßburgs städtische Museen (das sind fast alle) gewähren jeden ersten Sonntag im Monat freien Eintritt.

▶ Straßburg lässt sich auch ganz bequem im Sitzen von einem Fensterplatz in der Tram aus entdecken. Das Tagesticket kostet nur 4 Euro. *www.cts-strasbourg.fr*

▶ Im Juli *(22.30 Uhr)* und August *(22 Uhr)* können Sie täglich kostenlose
● Ton-und-Licht-Spektakel *(Son et Lumière)* auf der Presqu'île Malraux und am Münster erleben. Dank der sphärischen Musik à la Jean-Michel Jarre sowie der Lichteffekte erscheinen Gebäude und Umgebung in neuem Licht. Vor allem die Struktur des Münsters inspirierte die Lichtkünstler.

*Victoire | Mo und Mi–Fr 12–18, Sa/So 10–18 Uhr | 6 Euro | www.musees.strasbourg.eu*

### PALAIS ROHAN ● (U C4) (📕 c4)
Fast quadratisch liegt der Barockbau aus dem 18. Jh. zwischen Ill und Münster. Gleich drei Museen sowie eine Galerie haben Platz in der ehemaligen Residenz des Straßburger Fürstbischofs, in dem auch schon Napoleon nächtigte. Während das Museum für schöne Künste *(Musée des Beaux-Arts)* im zweiten Stock den alten Meistern (Rubens, Goya, van Dyck) gehört, führt das im Untergeschoss angesiedelte Archäologische Museum *(Musée Archéologique)* in die Steinzeit und zu den Merowingern. Das Kunstgewerbemuseum *(Musée des Arts Décoratifs)* im Erdgeschoss stellt in Schauräumen den Luxus (Gobelins, Chinoiserien, Stuck …) aus, wie ihn Frankreichs Könige und Bischöfe so sehr liebten. *2, Place du Château | alle Mo und Mi–Fr 12–18, Sa/So 10–18 Uhr | 6 Euro | www.musees.strasbourg.eu*

### PETITE FRANCE ★
(U A–B 4–5) (📕 a–b 4–5)
Wer nicht hier war, war nicht in Straßburg. Das Klein Frankreich genannte Viertel hat seinen Namen aus der Zeit, als im damaligen Gerberviertel *Quartier des Tanneurs* die Syphilis grassierte, damals Franzosenkrankheit genannt. Man wusste es nicht besser. Mit seinen Gassen, Winkeln, Ecken, Brücken und Schleusen sowie den imposanten alemannischen Fachwerkhäusern und der gewaltigen Wasserfläche ist es der definitiv malerischste Ort der Stadt. Sogar bei Nebel – *bonjour, mélancholie* – ist es hier schön. Obwohl das Viertel täglich von Tausenden Touristen besucht wird, gibt es hier immer noch lauschige Ecken. Unglaublich! Einen schönen Blick auf Wasser und Fachwerk haben Sie vom vom Schleusenwehr *Barrage Vauban* mit seinen 13 Türmen.

Ein buntes Fachwerkidyll und beliebtes Ausgehviertel: Petite France im Delta der Illkanäle

# STRASSBURG

### PLANÉTARIUM (U F4) (*m f4*)
Das 1881 erbaute Planetarium steht inmitten 100-jähriger Bäume im Botanischen Garten, einem der schönsten Parks Straßburgs. Unter der 34 t schweren Kuppel, die sich natürlich teilen lässt, befindet sich eine Sternwarte mit der drittgrößten Linse Frankreichs – sie hat einen Durchmesser von 7 m! Darüber hinaus gibt es noch einen Showroom mit einem naturgetreuen Sternenhimmel und ausgeklügelter Beschallung für Reisen in die unendlichen Weiten des Weltraums. Interaktive Bildschirmstationen und weitere Multimediaeinrichtungen stehen ebenfalls für die Reisen ins All bereit. *13, Rue de l'Observatoire | Mo, Di, Do, Fr 9–12 und 14–17, Mi und So 14–18 Uhr | 7,50 Euro | www.planetarium-strasbourg.fr*

### PRESQU'ÎLE MALRAUX (U D–E6) (*m d–e6*)
Auf der Halbinsel erfindet sich Straßburg gerade städtebaulich neu. Mittendrin steht die neue *Médiathèque* mit einem ganzen Blätterwald internationaler Zeitschriften und Magazine und einer Cafébar. Zwei große Kräne erinnern an die Zeit, als hier noch Industriehafen war und kein Platz für Müßiggang.

### INSIDER TIPP ▶ QUARTIER ALLEMAND (U C–D 2–3) (*m c–d 2–3*)
Wandeln auf des Kaisers Spuren: Nach 1871 wurden hier Milliarden in die Hand genommen und ein ganzes Viertel im Historismus und *art nouveau* (Jugendstil) gebaut. Bis heute steht das wilhelminische „Deutsche Viertel" unversehrt da. Größter Blickfang ist der Kaiserpalast, heute *Palais du Rhin*, kleinster das Profil des Kaisers im schmiedeeisernen Geländer ebendort. Eine weitere Preziose ist die *Maison Egyptienne (10, Rue Général Rapp)*.

### SAINT-PIERRE-LE-JEUNE ● (U B3) (*m b3*)
Die romanischen Teile des restaurierten Kreuzgangs sind angeblich die ältesten nördlich der Alpen. Auch die Fresken aus dem 15. Jh. sind sehenswert; sie zeigen Europas Nationen auf ihrem Ritt gen Jerusalem. Hin und wieder finden hier Konzerte und Ausstellungen statt. *3, Rue de la Nuée Bleue | Mo 13–18, Di–Sa 10.30–18.30, So 14.30–18 Uhr | Eintritt frei*

### SAINT-THOMAS (U B5) (*m b5*)
Die fünfschiffige protestantische Thomaskirche ist die einzige Hallenkirche der Region. Sie verfügt über eine der besten Silbermann-Orgeln – schon Wolfgang Amadeus Mozart und Albert Schweitzer spielten auf ihr. Achten Sie unter den vielen Grabmälern auf eines mit einer bemerkenswert realistischen Grabplatte: Sie zeigt einen verwesenden Kadaver. *Place Saint-Thomas | Feb.–Dez. tgl. 10–12 und 14–17, April–Okt. bis 18 Uhr | Eintritt frei*

## ESSEN & TRINKEN

Sehr gut zu essen ist in Straßburg überhaupt kein Problem. Trotz Generationenwechsel am Herd bzw. Neustart gehören die beiden Klassiker *Buerehiesel (4, Parc de l'Orangerie* (U F2) (*f2*) *| Tel. 03 88 45 56 65 | So/Mo geschl. | www.buerehiesel.fr | €€€)* und *Au Crocodile (10, Rue de l'Outre* (U B–C4) (*b–c4*) *| Tel. 03 88 32 13 02 | So/Mo geschl. | www.au-crocodile.com | €€€)* immer noch zur Spitze. Das Essen in diesen und anderen Gourmettempeln muss nicht teuer sein. Für junge Leute bis 35 Jahre und für Senioren hat die elsässische Topgastronomie günstige Angebote *(www.etoiles-alsace.com).*

### INSIDER TIPP À L'AIGLE (123 E1) (*E5*)

In Bezug auf ● Flammkuchen wird im gut 10 km nordwestlich gelegenen Vorort Pfulgriesheim die reine Lehre gepredigt: Nur zwei Arten – mit und ohne Käse – werden serviert, natürlich auf dem Holzbrett. Der Teig wird selbst gemacht, im Ofen brennt selbstverständlich echtes Holz. Herrlich knusprig! Aber auch das Beste der elsässischen Küche mit Sauerkraut, *rosbiff*, Haxen darf nicht fehlen. *22, Rue Principale | Pfulgriesheim | Tel. 03 88 20 17 80 | So/Mo und mittags geschl. | www.alaigle.fr | €*

### AMORINO (U C4) (*c4*)

Eis in der Waffel kennt man ja, Eis in einer *focaccina* genannten Brioche aber noch nicht. Das heiß-kalte Vergnügen schmeckt wunderbar! *11, Rue Mercière | tgl. 12–24 Uhr | www.amorino.com*

### ART CAFÉ (U A5) (*a5*)

Einer der schönsten Ausblicke auf die Stadt bietet auch gute Aussichten für Bruncher. Schinken und Lachs, Brioche und Baguette und dazu Rührei. Wer am Sonntagvormittag großen Hunger hat, trifft sich hier. Am besten reservieren! *1, Place Jean Arp | Tel. 03 88 22 18 88 | Di–Fr 11–19, Sa/So 10–18 Uhr | www.artcafe-restaurant.com*

### L'ASSIETTE DU VIN (U B4) (*b4*)

Kein Elsass, nirgends. Die Kellner sind Gesellen, wie man sie aus Pariser Bistros kennt, und der Küchenchef gibt den Künstler, klein und fein auf großen Tellern. Auf den Wein legt man besonderes Augenmerk. *5, Rue de la Chaîne | Tel. 03 88 32 00 92 | Sa-Mittag, Mo-Mittag und So geschl. | www.assietteduvin.fr | €€–€€€*

### LA CLOCHE À FROMAGE (U C5) (*c5*)

Käse als Erlebnis: Raclette, Fondues und Menüs, deren Gänge auf einzelnen Käsesorten beruhen und die sieben Käsesorten mit 15 Geschmacksnoten bieten – so etwas gibt es nur im Land der 1000 Käsesorten. Unbedingt reservieren! Das dazu passende Käsegeschäft liegt gleich gegenüber. *27, Rue des Tonneliers | Tel. 03 88 23 13 19 | tgl. | www.cheese-gourmet.com | €–€€*

### LA CORDE À LINGE (U B4) (*b4*)

Auch wenn das Restaurant mitten in der touristischen Petite France liegt, wird es doch von den Einheimischen frequentiert. Straßburg liebt eben *les spaetzeles* – und das Draußensitzen, hier direkt mit Blick auf den Kanal. *2, Place Benjamin Zix | Tel. 03 88 22 15 17 | www.lacordealinge.com | tgl. | €*

### FINK' STUEBEL (U B5) (*b5*)

Die von der Decke hängenden Schinken müssen Ihnen nicht spanisch vorkommen – der Wirt räuchert selbst. Die Küche ist mal unkonventionell (Burger mit Hering und Lachs), mal streng auf Linie wie bei der Königinpastete, die alle gu-

# STRASSBURG

ten Vorsätze vom Maßhalten vergessen lässt. Zum Haus gehört das *Fink′ Neschtel* (€): Straßburger Nestwärme in fünf gemütlichen Gästezimmern im elsässischen Stil. *22, Rue de Finkwiller | Tel. 03 88 25 07 57 | So/Mo geschl. | finkstuebel.free.fr | €€*

### AU FOND DU JARDIN ● (U C4) (c4)
Wenn es hier etwas im Überfluss gibt, dann Schokolade, *kougelhopf,* Macarons … Nicht verwunderlich also, wenn man hier sogar Post aus dem Weißen Haus bekommt. Bekannt für seinen *5 o'clock tea* und berühmt für die Madeleines, die auch Bill Clinton schmeckten. *6, Rue de la Râpe | Mi–Sa 14.30–18.45, So 16.15–18.45 Uhr*

### INSIDER TIPP MOOZÉ
(U C4–5) (c4–5)
Augenweide und Gaumenschmaus – eine bessere japanische Sushibar findet sich nirgends in Straßburg. Die Gäste können bei der Gestaltung der Kunstwerke zuschauen, die fast zu schade zum Essen sind. Aber eben nur fast. *1, Rue de la Demi Lune | Tel. 03 88 22 68 46 | tgl. | www.mooze.fr | €–€€*

### CAFÉ RECK (U C4) (c4)
Idealer Boxenstopp beim Shoppen. Für diese stylishe Cafébar würde wohl auch George Clooney fremdgehen. *8, Rue Mésange | Di–Sa 8.30–18 Uhr | www.cafesreck.com*

### UMAMI (U B4) (b4)
Frankreichs kleinstes Sternerestaurant schlägt Brücken nach Fernost. Der weit gereiste Küchenchef René Fieger wechselt alle 14 Tage die Karte. Langweilig darf es schließlich nicht werden! *8, Rue des Dentelles | Tel. 03 88 32 80 53 | So und außer Sa mittags geschl. | www.restaurant-umami.com | €€€*

### CHEZ YVONNE ★ (U C4) (c4)
Für die Mannschaft im ehemaligen Burjerstuewel bleibt das Elsass das Maß aller Dinge, in der heimeligen Einrichtung und auch auf dem Herd. Straßburg dankt es

Ein Fixstern am Straßburger Gourmethimmel: Restaurant Buerehiesel

ihr, auch die Prominenz labt sich an Eisbein, Kalbszunge, Presskopf und, jawohl, *maennerstoltz.* *10, Rue du Sanglier | Tel. 03 88 32 84 15 | tgl. | www.chez-yvonne.net | €€*

## EINKAUFEN

Auch beim Einkaufen sind die Elsässer echte Franzosen: Sie sind verrückt nach Shoppingmalls wie *Les Halles (Place des Halles* (U A–B3) *(M a–b3))* oder der 90 Geschäfte starken *Rivetoiles (3, Place Dauphine* (U D6) *(M d6) | www.rivetoile. com)* südlich der Innenstadt. Mode- und Designerboutiquen konzentrieren sich in den Straßen *Rue des Hallebardes, Rue Mésange* und *Rue des Grandes Arcades* (U B–C4) *(M b–c4)* sowie im Geflecht von Straßen und Gassen rund ums Münster, Feinkostläden mit Wein, Käse, Wurst findet man meist in den Gassen. Achtung: Am Montagvormittag sind viele Geschäfte geschlossen!

### L'ARTISAN PARFUMEUR
(U B–C4) *(M b–c4)*

Die kleine Parfümerie führt exklusive Düfte und gilt als Schatzkästlein in Sachen Modeschmuck. Die mit Halbedelsteinen und Emaille verzierten Ringe, Ohrringe, Broschen, Armreife sieht man öfters in Straßburg. *3, Rue de l'Outre*

### ARTS & COLLECTIONS D'ALSACE
(U C5) *(M c5)*

Tischdecken und Brottaschen aus dem elsasstypischen Leinenstoff Kelsch, historische Fotografien und Geschirr und Töpferwaren gehören in jedes Touristengeschäft. Dieses hier ist anders, nicht so voll gestopft und angenehm unaufgeregt geführt. Man fühlt sich der elsässischen Geschichte verbunden und führt nur Waren „made in Alsace", deren Originale geschichtlich verbürgt sind. Keine Plüschstörche! *4, Place Marché aux Poissons | www.arts-collections-alsace.com*

### INSIDER TIPP BIOMARKT
(U C5) *(M c5)*

Klein und fein, übersichtlich und gut bestückt: Der Biomarkt am Samstagvormittag ist einer der schönsten Märkte im Elsass, nicht nur wegen der Lage am Palais Rohan und an der Ill. Egal ob Kotelett

Die Bouquinisten an der Rue Gutenberg schlagen am Samstagvormittag ihre Stände auf

www.marcopolo.de/elsass

# STRASSBURG

oder Perlhuhn, grobe Bratwürste oder feiner Honig, Ziegenkäse oder Milch, hier ist alles bio, saisonal und regional – und oft weniger teuer als gedacht. Auch Kartoffeldelikatessen wie La Ratte gibt es in der Bioversion. *Place Marché aux Poissons*

### BÜCHER- UND FLOHMARKT (U C4–5) (M c4–5)
Jeden Samstagvormittag findet zwischen Place Gutenberg und Ancienne Douane ein schöner Flohmarkt mit Büchern, Geschirr und Krimskrams statt. Gutes Angebot, gehobene Preise.

### LE COQ SPORTIF (U C4) (M c4)
Wie so viele Sportmarken ist auch Le Coq Sportif nicht nur für den Freizeitsport gedacht, sondern auch fürs Ausgehen. Sehr sportlich, sehr lässig. *38, Rue Des Hallebardes | www.lecoqsportif.com*

### GALERIE D'ESTAMPE (U D4) (M d4)
Neben historischen Stadtansichten und Elsassbildern führt die Galerie die wichtigsten Künstler des Elsass: Rolf Ball, Christophe Hohler, Tomi Ungerer und den selbst ernannten „Archäologen der Zukunft" Raymond Waydelich. *31, Quai des Bateliers | www.estampe.fr*

### LIBRAIRIE BILDERGARTE (U B–C4) (M b–c4)
Straßburgs erste Comicbuchhandlung bietet ein pralles Sortiment, darunter kiloweise Mangas, düstere Batman-Storys und Tim und Struppi auf Elsässisch. Mehr als die Hälfte der *bandes dessinées* sind für Erwachsene – blutrünstig, phantastisch oder erotisch. *27, Rue des Serruriers*

### L'OCCASE DE L'ONCLE TOM DISQUAIRE (U B4) (M b4)
Für Musikfans ist dieser Secondhandshop eine runde Sache. Mehrere Tausend CDs von Abba bis Zaz stehen zur Auswahl, dazu DVDs, Vinyl und Plattenspieler. Auch in Frankreich ist Vinyl *très chic* geworden! *119, Grand'Rue | occaseoncletom.blogspot.com*

### OENOSPHÈRE (U B5) (M b5)
Sommelier Benoit Hecker (ehemals Beetle & Wedge in England, Buerehiesel in Straßburg) führt Bioweine, und das nicht teuer. Das Fläschchen Sylvaner gibt es schon für unter 5 Euro. Hecker veranstaltet auch Weinseminare. *3, Quai Finkwiller | www.oenosphere.com*

### INSIDER TIPP LE THÉ DES MUSES (U B4) (M b4)
Nachdenken und Tee trinken: Bei über 300 Sorten (auch Bio) aus aller Welt ist das wohl angebracht. Im angeschlossenen *salon de thé* lässt sich das bei Wohlfühljazz prima tun. Den halben Liter gibts ab 3,50 Euro. *51, Rue du Fossé des Tanneurs | thedesmuses.blogspot.com*

### AU VIEUX CAMPEUR (U B4) (M b4)
Alles zum Thema Wandern, Klettern, Outdoor und was sonst noch Abenteuer verspricht auf ein paar Hundert Quadratmetern Fläche. Außerdem im Programm: gute Wander- und MTB-Karten. *32, Rue du 22 Novembre | www.auvieuxcampeur.fr*

### LE VILLAGE DE LA BIÈRE (U C4) (M c4)
Das von Alain Pesez geführte „Bierdorf" ist eine Straßburger Institution. Hier finden Sie Biere aus aller Welt und natürlich den Gerstensaft der elsässischen Mikrobrauereien. *22, Rue des Frères*

## FREIZEIT & SPORT

### BOOTSFAHRT AUF DER ILL ⭐ (U C5) (M c5)
Auf allen Kanälen Genuss: Ob nun als Weinprobe, Menü, After-Work-Party oder „pur" ist eine Tour mit dem Panorama-

Am Palais Rohan legen die Ausflugsschiffe zu Touren auf der Ill ab

boot über Ill und Kanäle eine wunderbare Sache. Die lässigste Stadtrundfahrt Straßburgs führt die architektonische Vielfalt vor Augen, vom alemannischen Fachwerk bis zum europäischen Glaspalast – alles Ansichtssache. *Ablegestelle am Palais des Rohan | ab 6,90 Euro | www.batorama.fr*

### BOWLING (O) (M O)

Hier rollt die Kugel wie auf einer amerikanischen Bowlingbahn. Mit Bar, Restaurant und Billard. *Le Bowling de l'Orangerie | Tel. 03 90 41 68 00 | Mo–Sa 10–24, So 9–24 Uhr | ab 3,10 Euro/Person | www.jardinorangerie.fr/bowling.php*

### FAHRRADVERLEIH

Straßburg hat 500 km Radwege und zig Verleihstationen *(boutiques vélhop)*. Im Office de Tourisme bekommen Sie Tourenvorschläge, z. B. *La Piste des Forts*, Straßburgs Festungsgürtel im Umland. *1 Euro/Std., 10 Euro/24 Std. | www.velhop.strasbourg.eu*

### NATURA PARC (123 E2) (M E6)

Der Hochseilgarten in Ostwald 7 km südwestlich vom Zentrum bietet auf fünf verschiedenen Parcours Nervenkitzel pur. Die größte Herausforderung liegt auf 20 m Höhe. Außerdem im Programm sind eine GPS-Tour durch den Illwald und ein Pendelsprung über 15 m. *Rue de la Nachtweid | Ostwald | Ostern–Okt. Mi, Sa, So sowie in den Schulferien 13–18 Uhr | 9–21 Euro | www.naturaparc.com*

### PARC DE L'ORANGERIE
(U F1–2) (M f1–2)

In der Orangerie flaniert *tout Strasbourg*, rudert über den See, schleckt ein Eis von Franchi und hält Händchen. Im Sommer Konzerte im Palais Josephine. *Avenue de l'Europe*

## AM ABEND

Abends wird aus Straßburg „Stras", wie Junge und Junggebliebene ihre Stadt nennen. Die Klassiker *Café des Anges (42*

# STRASSBURG

*Rue de la Krutenau* (U D4–5) (𝄞 d4–5)) und *La Salamandre (3, Rue Paul Janet* (U D5) (𝄞 d5)) im Studentenviertel Krutenau haben Konkurrenz genug. In der *Rue de l'Arc en Ciel* ((U D4) (𝄞 d4) *Le Phonograph, Le Mudd Club)* zeigt sich das junge, gut aussehende Club-Straßburg, während auf der von jedermann nur PMG genannten *Place Marché Gayot* (U C4) (𝄞 c4) ganz Straßburg – Jung und Alt – zu sitzen pflegt. Livemusik gibt es in vielen Clubs wie z. B. im Jazzkeller *L'Artichaud* in der *Grand'Rue* (U B4) (𝄞 b4). Straßburgs definitiv größter Konzertort ist auch Frankreichs größte Konzerthalle: *Le Zénith (1, Allée du Zénith* (123 E2) (𝄞 E6) | www.zenith-strasbourg.fr), die Bühne für die Superstars aus Chanson, Rock und Volksmusik. Wer Lust hat aufs Selbersingen, darf das bei Karaoke mit Livebegleitung in der ehemaligen Fernfahrerkneipe *Au Camionneur (14, Rue Georges Wodli* (U A3) (𝄞 a3) | www.au-camionneur.fr) tun. Die Kinos *Star* und *Odysée* spielen nicht nur Blockbuster, sondern auch Klassiker und Raritäten. Für Konzerte, Kammermusik, Ballett und (auch deutschsprachiges) Theater sind *Rhein-Oper (19, Place Broglie* (U C3) (𝄞 c3) | www.operanationaldurhin.eu), *Théâtre National de Strasbourg (1, Avenue de la Marseillaise* (U D3) (𝄞 d3) | www.tns.fr) und *Le Maillon (Parc des Expositions | Place Adrien Zeller | Strasbourg-Wacken* (O) (𝄞 O) | www.le-maillon.com) die ersten Adressen. Was wo stattfindet, steht in diversen Stadtmagazinen und der Tageszeitung DNA oder lässt sich in der *Boutique Culture (10, Place de la Cathédrale* (U C4) (𝄞 c4)) erfahren; dort gibt es auch gleich einen Kartenvorverkauf.

## INSIDER TIPP ▶ LES AVIATEURS
(U C4) (𝄞 c4)

Unvergänglich, zeitlos, eine Institution. Schon ewig ist die „Fliegerbar" der heiße Tipp für alle Nachteulen. Das einzige Problem in der American Bar ist es, einen Platz an der Theke zu bekommen; aber das Anstehen lohnt sich. *12, Rue des Sœurs | Mo–Sa 20–4 Uhr | www.les-aviateurs.com*

## INSIDER TIPP ▶ BINCH STUB
(U C4) (𝄞 c4)

Mehr Straßburger Underground und Kunstszene auf weniger Quadratmetern geht nicht. Zum Meteor-Pils gibt es hier einen feinen Flammkuchen. Sehr eng, sehr cool – zur Not steht man halt draußen. *6, Rue du Tonnelet Rouge | Di–So 19–1 Uhr | www.binchstub.fr*

## LA LAITERIE (O) (𝄞 O)

Hier treten die Stars von heute auf, aber auch die von morgen. Rammstein gaben hier ihr erstes Frankreichkonzert. Seit es zur Halle noch einen kleineren Club gibt, ist die ohnehin schon große stilistische Bandbreite noch größer geworden. *13, Rue du Hohwald | www.laiterie.artefact.com*

## INSIDER TIPP ▶ STRASBOURG PLAGE ●
(U D4) (𝄞 d4)

Weil angeblich keine französische Stadt weiter vom Meer entfernt liegt, soll in Straßburg die Sehnsucht nach Strand und Wasser besonders groß sein. Fakt ist, dass hier bei und auf den vier Schiffen der Abend eingeläutet wird. Und in tropischen Nächten manchmal auch beendet. *Quai des Pêcheurs | tgl. 18–1.30 Uhr*

## THÉÂTRE DE LA CHOUCROUTERIE ●
(U B5) (𝄞 b5)

Zwar kann man hier *choucroute* speisen und Riesling trinken, aber zuallererst ist die Choucrouterie eine Bühne, deren Direktor, der Barde und Kabarettist Roger Siffer, in beiden Sprachwelten zu Hause ist. So gibt es derben Witz und launige Stücke zum Welt- und Stadtgeschehen oftmals gleichzeitig auf zwei Bühnen in

Elsässisch und Französisch. *20, Rue Saint-Louis | www.choucrouterie.com*

### LE TROLLEY BUS (U B4) *(U b4)*
Nicht die sauberste Bar, aber ultracool ist dieser Treffpunkt für Erasmus-Studenten, Arte-Redakteure, Nachtschwärmer und Kellner, die hier nach getaner Arbeit noch zwei Bier kippen. *14, Rue Sainte-Barbe | Mo–Sa 10.30–1 Uhr*

## ÜBERNACHTEN

**INSIDER TIPP LA CHUT** (U A4) *(U a4)*
„Pst!": So lässt sich *chut* übersetzen – ein diskretes Hotel, das mit Designerstücken und Antiquitäten geschmackssicher eingerichtet ist. Hier trifft sich die Leichtigkeit Italiens mit der Sehnsucht nach Ruhe und Versenkung, gewürzt mit einer Prise Elsass. Mit Restaurant (€€). *8 Zi. | 4, Rue du Bain aux Plantes | Tel. 03 88 32 05 06 | www.hote-strasbourg.fr | €€*

### COUR DU CORBEAU (U C5) *(U c5)*
Für den ehemaligen Rabenhof mussten Designer und Raumgestalter ordentlich Grips aufwenden, denn das Gebäude aus dem 16. Jh. ist extrem verschachtelt. Gerade das macht aber den Reiz dieser Luxusresidenz aus! Das schwere Fachwerk wird mit Leichtigkeit und Reduktion aufs Wesentliche ausgekontert. *57 Zi. | 6–8, Rue des Couples | Tel. 03 90 00 26 26 | www.cour-corbeau.com | €€€*

### HÔTEL DU DRAGON (U B5) *(U b5)*
Altes Gebäude, neue Zimmer, nüchterner Stil und nur fünf Minuten vom Zentrum. Bei schönem Wetter Frühstück im Garten. *32 Zi. | 12, Rue du Dragon | Tel. 03 88 35 79 80 | www.dragon.fr | €€–€€€*

# BÜCHER & FILME

▶ **Der Sprachlose** – „Seid ihr Deutsche oder Franzosen?" Adrien Fink (1930–2008) erzählt die tragische Geschichte eines jungen Dichters aus dem Sundgau, der als Elsässer seinen Platz in Frankreich nicht findet. Die Zeichnungen stammen von Tomi Ungerer

▶ **Marthe und Mathilde** – In diesem wunderbaren Buch berichtet die Journalistin Pascale Hugues aus dem Leben ihrer beiden Großmütter aus Colmar – die eine Deutsche, die andere Französin – und wie es ihnen erging, als das Elsass 1919 französisch wurde

▶ **Tomi Ungerer** – Das Schweizer Kulturmagazin „Du" porträtierte Ungerer anlässlich seines 80. Geburtstags 2011 in Wort und Bild. Der Untertitel „Der schärfste Strich der westlichen Welt" ist nicht umsonst gewählt. Abgründig und tiefsinnig

▶ **Die Linden von Lautenbach** – Jean Egens (1920–1995) Klassiker ist nicht nur eine Reise in Land und Geschichte, sondern auch in seine Kindheit, als für ihn die Vogesen „die sanftesten Berge der Schöpfung" waren. Der Roman wurde 1982 mit Mario Adorf verfilmt

▶ **Die Elsässer** – Der Arte-Vierteiler begleitet eine Familie durch die Zeiten, vom Kaiserreich zur Republik und dann ins bitterste Kapitel, die deutsche Besetzung während des Zweiten Weltkriegs. Der Film umspannt die Jahre 1870–1953

# STRASSBURG

## L'ETC ... HÔTEL (U B–C4) (m b–c4)
Gut versteckt in einer Gasse fast im Zentrum liegt das kleine Hotel, das in jedem Zimmer anders Farbe bekennt und künstlerisch gefallen will. Einziger Nachteil: Die Räume sind etwas schmal geschnitten. *35 Zi. | 7, Rue de la Chaîne | Tel. 03 88 32 66 60 | www.etc-hotel.com | €–€€*

## HÔTEL PAX (U A4) (m a4)
Trotz Nähe zu Bahnhof und Stadtmitte liegt das Hotel sehr ruhig. Die Zimmer sind klar, einfach, sauber und preiswert. Schöner Innenhof fürs Frühstück. Mit elsässischem Restaurant (*€*). *90 Zi. | 24, Rue du Faubourg National | Tel. 03 88 32 14 54 | www.paxhotel.com | €–€€*

## HÔTEL RÉGENT ☘
(U B4–5) (m b4–5)
Die einstige Eisfabrik ist heute ein Designerpalast mit der wohl besten Lage in der Petite France und sensationellem Ausblick auf Straßburgs schönste Fachwerkpaläste. In der *Bar Champagne (17–1 Uhr)* lässt sich stilvoll tief ins Glas schauen – oder ins Wasser, das hier vorbeirauscht. *72 Zi. | 5, Rue des Moulins | 03 88 76 43 43 | www.regent-petite-france.com | €€€*

## HÔTEL SUISSE (U C4) (m c4)
Charmantes Hotel vis-à-vis vom Münster, das durch die Fachwerkbauweise viele Aufs und Abs bietet. Mehrere Zimmer sind groß genug für Familien. Süße Überraschung: Der Straßburger Patissier Christophe Felder gibt hier Kurse. *25 Zi. | 2–4, Rue de la Râpe | Tel. 03 88 35 22 11 | www.hotel-suisse.com | €€*

## AUX TROIS ROSES (U D4) (m d4)
Mit viel Holz im Schwedenstil eingerichtetes Stadthotel, das sogar eine kleine Sauna hat. *23 Zi. | 7, Rue de Zurich | Tel. 03 88 36 56 95 | www.hotel3roses-strasbourg.com | €–€€*

## AUSKUNFT
*17, Place Cathédrale* (U C4) (m c4) *| Tel. 03 88 52 28 28; Place Gare* (U A3–4) (m a3–4) *| Tel. 03 88 32 51 49 | www.otstrasbourg.fr*

## ZIELE IN DER UMGEBUNG

### LA COURONNE D'OR
(123 D1–2) (m D6)
30 km westlich bei Marlenheim verbirgt sich hinter dem offiziellen Schlusspunkt der Weinstraße dieses kleine Weingebiet, dessen Rieslinge schon Kaiser Napoleon schmeckten. Gute Weingüter sind *Clément Lissner (www.lissner.fr)* in Wolxheim, *Arthur Metz (www.arthurmetz.fr)* in Marlenheim und *Étienne Loew (www.domaineloew.fr)* in Westhoffen. Für ihren leckeren *crémant* ist die *Cave du Roi Dagobert (www.cave-dagobert.com)* in Traenheim bekannt. Dagegen wird in der *Mikrobrauerei Lauth (www.brasserie-restaurant-lauth.com | €)* mit Restaurant und Hotel in Scharrachbergheim ein göttlicher Gerstensaft gebraut. Käseliebhaber fahren nach Nordheim zu *Le Fermier du Sonnenberg (www.fermecabri.com),* den Spezialisten für Ziegenkäse. Dort gibt es unter der Woche Verkauf und sonntags günstiges Mittagessen mit eigenen Produkten im Selbstbedienungsrestaurant. Das wichtigste historische Zeugnis befindet sich in *Avolsheim:* Der romanische *Dompeter* von 1049 ist wohl die älteste Kirche des Elsass.

### LES SECRETS DU CHOCOLAT
(123 E3) (m E6)
Auf kurzweilige Art und Weise führt dieses Museum im Vorort Geispolsheim in die Geheimnisse der süßen Verführung ein. Mit Vorführung und Probiergelegenheit. *Rue du Pont du Péage | Geispolsheim | Di–Sa 9–18, So 14–18 Uhr | 8 Euro | www.musee-du-chocolat.com*

# COLMAR & WEINSTRASSE

Beschaulich spazierend auf einem der vielen Weinlehrpfade oder abenteuerlustig auf alpinen Felsenwegen? In Colmar und Sélestat Kultur tanken oder in einem der unzähligen Weindörfer Wein genießen? In der Mitte des Elsass können Sie in jeder Hinsicht aus dem Vollen schöpfen.

Kühle Wälder, imposante Burgen und eine noch wenig bekannte Landschaft wie das Feuchtgebiet Le Grand Ried zwischen Ill und Rhein stehen für die große Vielfalt dieses Gebiets. Um Land und Leute noch besser kennenzulernen, bietet sich eine Übernachtung beim Winzer an – dann macht die Weinprobe doppelt Spaß. Wenn dann noch irgendwo Störche klappern und es nach Flammkuchen riecht, ist das Idyll perfekt.

Bild: Fachwerkhäuser in Barr

# COLMAR

(125 D3) (*D10*) **Die einen zieht es in Scharen zum Isenheimer Altar, die anderen stehen Schlange für die Maria im Rosenhag. Die Genießer – und das sind die Colmarer – sitzen derweil in ihrem Stammcafé und schauen dem Treiben zu das diese Stadt tagtäglich erlebt.**

Touristen! So viele! Die kleine Departementshauptstadt (67 000 Ew.) kommt einigermaßen gut damit zurecht. Die Innenstadt mit ihren Prachthäusern aus der Renaissance ist eine einzige Fußgängerzone, und damit jeder seinen Weg findet, hat man alles beschildert. Links geht es ins Fachwerkidyll Petite Venise rechts zum Spielzeugmuseum und gera

## Bilderbuchidyllen in den Dörfern an der Weinstraße, Kultur und viel Leben in Colmar, Burgen und Natur an den Vogesenhängen

deaus zum Unterlinden-Museum … Nur mittags ebben die Menschenströme etwas ab. Mittagessen! Wie gut, dass es so viele Restaurants gibt, nicht nur die Gäste sind hungrig, auch Colmar sitzt bei Tisch.

### SEHENSWERTES

#### ÉGLISE DES DOMINICAINS

Martin Schongauers Gemälde ★ Madonna im Rosenhag von 1473 hat die riesengroße Dominikanerkirche ganz für sich alleine. Es zeigt eine auf Goldgrund gemalte Madonna mit Jesuskind. Das flammend rote Kleid symbolisiert die Passion Christi. Der kompakte Eindruck täuscht, ursprünglich war das Bild viel größer, wurde aber zu einem unbekannten Zeitpunkt beschnitten. Auch der Rahmen stammt nicht von Schongauer und verfälscht den ursprünglichen Eindruck. Neben der offensichtlichen Könnerschaft (Faltenwurf, naturalistische Darstellung der Natur etc.) gibt es auch auf der Rückseite Meisterliches zu entdecken. *1, Place*

# COLMAR

Isenheimer Flügelaltar: Die dritte Schauseite ist dem heiligen Antonius gewidmet

*des Martyrs de la Résistance | tgl. 10.30–13 und 15–18 Uhr | 1,50 Euro*

### INSIDER TIPP ▶ HISTORISCHE HÄUSER

Das 1480 fertiggestellte *Koïfhus* (Kaufhaus) in der Grand'Rue ist mit der Balustrade und den Torbögen eines der schönsten Renaissancehäuser der Stadt. Etwas jüngeren Datums ist in der Rue des Marchands die *Maison Pfister* (1507) mit geschnitztem Balkon, zweistöckigem Erker sowie der Darstellung der Habsburger Kaiser auf der Fassade. Die Zunftstube der Ackerleute *(Poêle des Laboureurs)* von 1626 in der Rue Vauban 7 trägt bereits Merkmale des Barocks, während das Gerichtsgebäude *(Tribunal)* in der Grand'Rue klassizistisch ist. Dort plätschert auch ein Manneken Pis, ein Geschenk der Stadt Brüssel.

### MUSÉE BARTHOLDI

Vom berühmten Schöpfer der New Yorker Freiheitsstatue Frédéric-Auguste Bartholdi (1834–1904) finden sich in seinem Geburtshaus Skizzen, Gemälde und Skulpturen. *30, Rue des Marchands | Mi–Mo 10–12 und 14–18 Uhr | 3,50 Euro | www.musee-bartholdi.com*

### MUSÉE DU JOUET

Gerade erwachsenen Besuchern geht das Herz auf, wenn sie die Eisenbahnen und Barbiepuppen sehen, mit denen sie ihre Kindheit „verspielten". *40, Rue Vauban | Jan.–Juni und Okt./Nov. Mi–Mo, Sept. tgl. 10–12 und 14–18, Juli/Aug. und Dez. tgl. 10–18 Uhr | 4,50 Euro | www.museejouet.com*

### MUSÉE D'UNTERLINDEN

Bilder wirken wie Medizin, glaubte man im Mittelalter. Die auf die Behandlung von Mutterkornvergiftungen spezialisierten Antonitermönche gaben im 16. Jh den ★ Isenheimer Altar beim Renaissancekünstler Matthias Grünewald in Auftrag. Dessen Wandelaltar illustriert auf zehn Tafeln in Bildern und Skulpturen u. a. Verkündigung, Kreuzigung, Engelskonzert und Auferstehung Christi. Bemerkenswert ist die Wucht der Malerei, die

# COLMAR & WEINSTRASSE

Martyrium und Schmerzen Christi drastisch vor Augen führt. Als Gegenpol ist die Auferstehung in den schönsten Farben ausgearbeitet. Der Elsasskenner Prinz zu Sayn-Wittgenstein glaubt, dass der Maler während der Arbeit von Visionen bedrängt wurde. Das in einem ehemaligen Kloster untergebrachte Museum zählt dank seiner übergroßen Sammlung an religiösen und profanen Werken aller Epochen zu Frankreichs wichtigsten Museen. *1, Rue d'Unterlinden | Mai–Okt. tgl. 9–18, Nov.–April Mi–Mo 9–12 und 14–17 Uhr | 8 Euro | www.musee-unterlinden.com*

## PETITE VENISE UND QUARTIER DES TANNEURS

Als wunderbare Heimstatt der guten alten Zeit präsentieren sich das ehemalige Gerberviertel *Quartier des Tanneurs* sowie die noch hübschere Krutenau, genannt ⭐ *Petite Venise*. Hier am Ufer der Lauch mit Kopfsteinpflaster und den vielen Restaurants und Weinstuben ist das Elsass besonders pittoresk. Der *Quai de la Poissonnerie* setzt dem Ganzen noch ein Krönchen auf. Gut zu genießen auf einer der Caféterrassen oder auf einer Tour mit dem Boot *(Ablegestelle Pont Saint-Pierre | April–Sept. tgl. 10–12 und 13.30–19 Uhr | 6 Euro/30 Min | www.sweetnarcisse.com).*

## SAINT-MARTIN

Auch dank des Renaissanceglockenturms ist das eigentlich gotische Martinsmünster natürlicher Fixpunkt im Stadtbild. Sehenswert ist auch der Chorumgang mit Kapellenkranz, Bleiglasfenstern sowie Skulpturen. *22, Place de la Cathédrale*

## ESSEN & TRINKEN

### INSIDER TIPP JADIS ET GOURMANDE

Zwar lassen die Teddybären in dem entkernten Fachwerkhaus das Schlimmste befürchten, aber die Küche überrascht positiv mit Ideen, Frische und großen Portionen. *8, Place du Marché aux Fruits | Tel. 03 89 41 73 76 | mittags und So geschl. | €*

### JY'S

Nach Bildhauer Frédéric-Auguste Bartholdi ist Yves Schillinger der zweite Colmarer, dem New York Glück brachte. Von dort brachte der Koch seine Ideen mit. Haute Cuisine trifft Weltküche. *17, Rue de la Poissonnerie | Tel. 03 89 21 53 60 | So/Mo geschl. | www.jean-yves-schillinger.com | €€€*

## MARCO POLO HIGHLIGHTS

⭐ **Madonna im Rosenhag in Colmar**
Eine der schönsten Mariendarstellungen überhaupt
→ S. 61

⭐ **Petite Venise**
Das alte Colmar, ein Platz zum Träumen → S. 63

⭐ **Isenheimer Altar in Colmar**
Erschreckend, ergreifend – ein starkes Stück deutscher Malerei → S. 62

⭐ **Bibliothèque Humaniste in Sélestat**
Hier spricht die Buchgeschichte Bände → S. 68

⭐ **Haut-Kœnigsburg**
Die stolze Burg wurde zum Wahrzeichen der ganzen Region → S. 72

⭐ **Mont Sainte-Odile**
Ein mystischer Ort → S. 73

# COLMAR

### AU KOÏFHUS WINSTUB
Durchgehend warme Küche mit allen Klassikern der Region sowie Grillhähnchen. Extra große Terrasse, am Wochenende bis Mitternacht. *2, Place de l'Ancienne Douane | Tel. 03 89 23 04 90 | tgl. | www.restaurant-koifhus-colmar.fr | €–€€*

### LA MAISON DES TÊTES
Hinter der sehenswerten „kopflastigen" Fassade des „Köpfehauses" von 1609 verbirgt sich eines der besten Hotels *(18 Zi. | €€–€€€)* und Restaurants der Stadt. *19, Rue des Têtes | Tel. 03 89 24 43 43 | So-Abend und Mo geschl. | www.la-maison-des-tetes.com | €€–€€€*

### MEISTERMANN
Eine gut geführte, von Einheimischen frequentierte Brasserie. Spezialität: Fisch und Tatar. *2 a, Avenue de la République | Tel. 03 89 41 65 64 | So-Abend und Mo geschl. | www.meistermann.com | €–€€*

### WINSTUB DE LA PETITE VENISE
Die Speisekarte ist wohltuend klein und konzentriert sich auf heimische Gerichte. Legenden wie Marc Haeberlin und Eckart Witzigmann waren hier schon zu Gast. *4, Rue de la Poissonnerie | Tel. 03 89 41 72 59 | Do-Mittag, So-Mittag und Mi geschl. | www.restaurantpetitevenise.com | €–€€*

### LE THÉÂTRE
Dank der imposanten Einrichtung – schwere Lüster, Emailleschilder, roter Samt – isst hier auch das Auge mit. Ein auf Entrecôte und Burger spezialisierter Fleischtempel. *1, Rue des Bains | Tel. 03 89 29 29 29 | tgl. | www.restaurantletheatre.net | €–€€*

## EINKAUFEN

Die Liebe zu Colmar geht auch durch den Magen, wie Sie beim Bummeln feststellen werden. Eis mit *berewecke* (Trockenfrüchten) führt *La Sorbetière d'Isabelle (Rue des Marchands)*, den besten Käse (Mi 12–14 Uhr auch Degustationen) gibt es bei der *Fromagerie Saint-Nicolas (18, Rue Saint-Nicolas)* und die beste Wurst beim *Comptoir de Georges (1, Place des Six Montagnes Noires)* mit günstigem Mittagstisch und Abendessen. Geistiges Futter finden Sie in der mit elsässischer Literatur bestückten Buchhandlung *Lire & Chiner (36, Rue des Marchands)* und am Freitagvormittag auf dem *Flohmarkt* auf der Place de la Cathédrale. Eine kulinarische Welt für sich ist die Markthalle mit den Bioerzeugern ⊙ *Les Six Saveurs (13, Rue des Écoles | Mo geschl.).*

## AM ABEND

Während *Le Bar Concept Lounge (Rue de l'Ancienne Douane)* ihrem Namen Ehre macht und nicht ganz billig ist, pflegt *Les Incorruptibles (1, Rue des Écoles)* seinen proletarischen Punkcharme. Hier spielen auch Bands. Weitere Konzert- und Partyorte sind *L'Entracte (27, Rue Kléber)* und *Le Grillen (19, Rue des Jardins).*

## ÜBERNACHTEN

### GRAND HOTEL BRISTOL
Gegenüber vom Bahnhof Zimmer ohne Schnörkel, aber in schönen Farben. Mit Sauna, Hamam und Fitness. Das dazugehörige Restaurant *Le Rendezvous de Chasse (€€€)* zelebriert französische Küche. *91 Zi. | 7, Place de la Gare | Tel. 03 89 23 59 59 | www.grand-hotel-bristol.fr | €€€*

### LE COLOMBIER
Sehr klar und ohne Zierrat präsentiert sich das 1643 erbaute Haus mit seinem kunstverliebten Interieur, von der Niki de-Saint-Phalle-Büste bis zum Corbusier

# COLMAR & WEINSTRASSE

Sofa. *28 Zi. | 7, Rue de Turenne | Tel. 03 89 23 96 00 | www.hotel-le-colombier.fr | €€–€€€*

### DOMAINE ROBERT KARCHER
Zwei gepflegte Zimmer mit Kitchenette und Blick in den Winzerhof. Eine Weinprobe sowie die Besichtigung von Colmars ältestem Holzfasskeller sind inbegriffen. *11, Rue de l'Ours | Tel. 03 89 41 14 42 | www.vins-karcher.com | €*

### L'HOSTELLERIE DU CHÂTEAU
Auf internationale Kundschaft zielt das kleine Hotel in der Stadtmitte des 7 km südlich gelegenen, hübschen Weindörfchens Eguisheim. Mit Sinn für Farben und Formen setzt es geschmackvolle Akzente. *11 Zi. | 2, Rue du Château | Eguisheim | Tel. 03 89 23 72 00 | www.hostellerieduchateau.com | €€*

### HÔTEL TURENNE
Ordentlich geführtes Hotel am Rand von Petite Venise, das sich mitten in der Modernisierungsphase befindet. Die neuen Zimmer leben durch den Kontrast von Holz und Grautönen. *82 Zi. | 10, Route de Bâle | Tel. 03 89 21 58 58 | www.turenne.com | €–€€*

## AUSKUNFT
*32, Cours Sainte-Anne | Tel. 03 89 20 68 92 | www.ot-colmar.fr*

## ZIELE IN DER UMGEBUNG

### KAYSERSBERG (125 D2) (C10)
Wie an einer Perlenkette reihen sich in dem gut 10 km nordwestlich gelegenen

Mit Schießscharten: Die Weißbrücke in Kaysersberg ist ein Relikt aus kriegerischen Zeiten

Städtchen (2700 Ew.) die Geschenkläden, Cafés und Weinstuben aneinander. Historisch bedeutsam sind das Renaissancerathaus, die Brücke mit einzigartiger Brustwehr und Schießscharten, die jeden Sommer beleuchtete Stauferburg sowie die mit Schnitzereien verzierte *Maison Bohn (Impasse du Père Staub)* von 1601. Zudem beherbergt Kaysersberg eine klei-

# COLMAR

ne *Glasbläserei (30, Rue du Général de Gaulle | Mo–Sa 10–12.30 und 14–18, So 14–18 Uhr)* mit offener Werkstatt und das *Musée Albert Schweitzer (126, Rue du Général de Gaulle | Mitte März–Juni und Okt.–Mitte Nov. Do–Di 9–12 und 14–18, Juli–Sept. tgl., Mitte Nov.–Dez. Fr–So 9–12 und 14–19 Uhr | 2 Euro)* mit Fokus auf die afrikanischen Jahre des gebürtigen Kaysersbergers.

Am unteren Ende der Stadt kocht Olivier Nasti im INSIDER TIPP *Le Chambard* im *Sternerestaurant (€€€)*, in der *Winstub (€–€€)* und im Bistro *La Flamme (€)* Genüsse für jeden Geldbeutel. Mit seinem ● Spahotel *(32 Zi. | 9–13, Rue du Général de Gaulle | Tel. 03 89 47 10 17 | www.lechambard.fr | €€€)* hat er sein kulinarisches Imperium abgerundet. Sehr einfach, aber auch sehr lecker ist das Essen in dem ein paar Kilometer oberhalb im Wald gelegenen *Restaurant Saint-Alexis (Tel. 03 89 73 90 38 | Fr geschl. | www.saintalexis.fr | €)*, das Sie über einen Wanderweg oder über die Fahrstraße erreichen.

### RIBEAUVILLÉ (125 D2) (*C9*)

Das knapp 20 km nördlich gelegene Städtchen (4800 Ew.), auf Deutsch Rappoltsweiler, ist durch die Tischwäschefabrik *Beauvillé (21, Route de Sainte-Marie-aux-Mines | Mo–Fr 8.30–11.45 und 14–17.45, Sa 8.30–17.45 Uhr)* mit günstigem Fabrikverkauf und sein Mittelalterfest *Fête des Ménétriers* (Pfifferdaj) am ersten Septemberwochenende weit bekannt. Die Motive des Fests finden sich an den Wänden der Winstub *Zum Pfifferhüs (14 Grand'Rue | Tel. 03 89 73 62 28 | Mi/Do geschl. | €)*, die die traditionelle Küche in Ehren hält. Von der Fußgängerzone bietet sich eine schöne etwa dreistündige ☼ *Wanderung* zu den drei Burgen Ulrichsburg, Girsberg und Hohrappoltstein an. 9 km oberhalb in den

Riquewihr, die „Perle der Weinstraße": autofreies Museumsstädtchen inmitten von Weinbergen

www.marcopolo.de/elsass

# COLMAR & WEINSTRASSE

Vogesen sind im Kiefernwald fünf wunderschön eingerichtete **INSIDER TIPP Baumhäuser zum Übernachten** versteckt *(Aubure | Tel. 06 75 06 70 24 | www.giteshauts-de-ribeauville.fr | €€€).*

## RIQUEWIHR (125 D2) (*C9*)

Dank dem Turm namens Dolder, der auf einer Briefmarke verewigt wurde, ist Riquewihr (1200 Ew.) in ganz Frankreich ein Begriff und verkörpert das idealtypische elsässische Weindorf. Es verwundert also nicht, dass sich in dem 15 km nördlich gelegenen Ort (deutsch Reichenweier) das *Musée Hansi (16, Rue du Général de Gaulle | Feb.–Juni Di–So, Juli–Dez. tgl. 10–12.30 und 13.30–18 Uhr | 2 Euro)* befindet. Etwas atypisch fürs Elsass ist nur Gilbert Holl, ein Winzer, der die Seiten gewechselt hat und jetzt Bier braut und Whisky destilliert: *Brasserie Hollbeer | 8, Avenue Jacques Preiss | www.gilbertholl.com*

## TURCKHEIM (125 D3) (*C10*)

Drei Türme, drei Stadttore, eine Stadtmauer: Knapp 10 km westlich in Turckheim (3700 Ew.) lebt das Mittelalter wie eh und je. Besonders authentisch wird es abends mit dem Nachtwächter. Bekannt ist der Ort für die *cocottes Staub (2, Rue Saint-Gilles | www.staub.fr)*, die bunten gusseisernen Töpfe, die es hier in großer Auswahl und zum Teil auch stark herabgesetzt gibt. Ideal nicht nur für *baeckeoffe!*

## VALLÉE DE MUNSTER
(124 C3) (*B–C10*)

Satte, grüne Wiesen, tiefgrüne Wälder und vereinzelte Bergbauernhöfe: Das 20 km westlich gelegene Munster liegt in einem der schönsten Täler des Elsass, von wo sich die Kunst des Käsemachens ausbreitete. Erleben können Sie das in der **INSIDER TIPP Maison du Fromage** *(23, Route de Munster | tgl. 9–19 Uhr | 7 Euro | www.maisondufromage-munster.com).* Auch in Luttenbach bei *André Haeberlé (37, Rue Principale | Luttenbach | Di–So 9–12 und 14–18 Uhr | 1 Euro | www.saboterie-haeberle.fr)*, einem der letzten Holzschuhmacher, lohnt ein Besuch. Beim Koch Martin Fache im *À l'Agneau d'Or (2, Rue Saint-Grégoire | Tel. 03 89 77 34 08 | Mo/Di geschl. | www.martinfache.com | €€–€€€)* lässt sich das Tal kulinarisch entdecken.

Eine solide Bleibe *(10 Zi. | €)* bietet in Gunsbach das ehemalige Pfarrhaus der Familie Schweitzer gegenüber vom *Albert-Schweitzer-Museum (3, Rue Albert Schweitzer | Di–Sa 9–11.30 und 14–16.30 Uhr | 5 Euro | Tel. 03 89 77 31 42 | www.schweitzer.org).* Das *Office de Tourisme (1, Rue du Couvent | 03 89 77 31 80 | www.vallee-munster.eu)* in Munster organisiert Wanderungen in die Kräuter und zu den Gämsen. Für einen entspannten Spaziergang bietet sich der *Dichterwäj* an, für eine alpine Tageswanderung der Fel-

66 | 67

# SÉLESTAT

Pilgerstätte für Bücherwürmer, hoffentlich nur im übertragenen Sinn: Bibliothèque Humaniste

senpfad *Sentier des Roches* am Col de la Schlucht.

## SÉLESTAT

(123 D6) (*D9*) Sélestat (19 000 Ew.) ist die Stadt der Bücher, der Türme, der Kirchen und des Brots. Wundern Sie sich nicht, wenn Sie einen verführerischen Brotduft in die Nase bekommen – die Stadt hat sogar ein Brotmuseum. Vor langer Zeit war sie zudem ein religiöses Zentrum. Heute ist Schlettstadt, so der deutsche Name, eine gemütliche Kleinstadt zwischen Reben und Ried, die sich rühmt, den Brauch des weihnachtlichen Tannenbaums erfunden zu haben, und mit der Humanistischen Bibliothek ein Weltkulturerbe aufzuweisen hat.

### SEHENSWERTES

#### BIBLIOTHÈQUE HUMANISTE ★
Die Sammlung der Humanistischen Bibliothek geht auf die Bücherei der Humanistenschule und eine Schenkung von Beatus Rhenanus (1485–1547) zurück. Der Humanist und Philologe stand mit Geistesgrößen aus ganz Europa in Verbindung und sammelte Bücher – bevorzugt Erstausgaben, darunter bibliophile Kostbarkeiten wie Inkunabeln, sogenannte Wiegendrucke aus der Frühzeit des Buchdrucks, farbenprächtige Handschriften aus Klöstern, ein Architekturbuch aus dem 10. Jh. etc. Eine Führung empfiehlt sich unbedingt! *1, Rue de la Bibliothèque | Mo–Fr 9–12 und 14–18, Sa 9–12, Juli/Aug. auch Sa/So 14—17 Uhr | 4,10 Euro*

#### LA MAISON DU PAIN D'ALSACE
Wie kommt der Knoten in die Brezel? Das und vieles mehr erfahren Sie im 1522 erbauten Haus der Bäckerinnung. Im „Museumsshop" sind alle Produkte ofenfrisch. *Rue du Sel | Di und Sa 9–12.30 und 14–18, Mi–Fr 9.30–12.30 und 14–18, So 9–12.30 und 14.30–18 Uhr | 4,60 Euro | www.maisondupain.org*

#### SAINTE-FOY
Die romanische Kirche Sankt Fides aus dem 12. Jh. gilt als einer der ausgewo-

www.marcopolo.de/elsass

# COLMAR & WEINSTRASSE

gensten Kirchenbauten des Elsass, obwohl die Türme in unterschiedlichen Epochen entstanden. Im Innern viele Figuren. *Place du Marché Vert | Mo–Fr 8–18, Sa 9–18, So 8–17 Uhr*

### SAINT-GEORGES
Die 1230–1490 von Straßburger Dombaumeistern gebaute Georgskirche ist das Gegenstück zu Sainte-Foy. Zwar hat sie ein romanisches Portal, der Rest ist aber im Wesentlichen gotisch. Bei bewölktem Himmel sollen die Bleiglasfenster besonders gut wirken. *Place du Marché Vert | Mo–Fr 8–18, Sa 9–18, So 8–17 Uhr*

## ESSEN & TRINKEN

### RESTO BIO L'ACOUSTIC 🌱
Für den ehemaligen Sozialarbeiter André hat sich der Selbstfindungstrip gelohnt – jetzt macht er das, was er schon immer wollte: mit Biogemüse kochen. Bei schönem Wetter sitzt man draußen. *5, Place du Marché Vert | Tel. 03 88 92 29 40 | So und außer Fr/Sa abends geschl. | www.restobiolacoustic.com | €*

### AUBERGE DES ALLIÉS
Das ehemalige Zünftehaus ist ein Hort des Elsässertums – ebenso wie die Küche mit Schnecken und *lewerknepfla*, mit *choucroute* und *sorbet à la quetsche*. Auch 15 nüchterne Hotelzimmer (€). *39, Rue des Chevaliers | Tel. 03 88 92 09 34 | Mo geschl. | www.aubergedesallies.fr | €–€€*

### HUHNELMUHLE 🌱
Als Ausflugslokal ist die Hühnelmühle wenige Kilometer westlich zwischen Châtenois und Scherwiller mit ihrer Mischung aus eigenen Bioweinen und fangfrischen Karpfen fast schon ein Muss in der Region. *Route du Sel | Tel. 03 88 92 06 04 | Mo–Fr 9–19, Sa 14–19 Uhr, So n. V. | www.vins-schmitt.com | €*

# TRANSHUMANCE – ALMAUFTRIEB

Jeden Frühling und jeden Herbst kommt auf die Bergbauern in den Vogesen der Almauftrieb bzw. Almabtrieb zu, die *transhumance*. Seit Urzeiten besteht die Tradition der Weidewirtschaft, dass die Kühe im Tal überwintern. Heute wird dieser Brauch als Volksfest gefeiert. Freunde, Nachbarn, Jugendgruppen, Wanderclubs und Touristen laufen den Kühen hinterher, die wiederum dem Chefhirten mit der gallischen Melkerkappe folgen. Die Rindviecher sind mit Tannenbäumchen und bunten Tüchern festlich geschmückt, die schönsten Prachtexemplare der *vosgienne* – das ist die typische Vogesenrasse – tragen zudem große Glocken, deren Gebimmel Tote aufwecken könnte. Das Vogesenrind galt vor einiger Zeit fast schon als ausgestorben; mittlerweile wird die Rasse wieder sehr geschätzt, weil sie genügsam ist und ihre Milch der ideale Stoff für Butter, *barikas* (Bergkäse) und Münsterkäse ist. Das Ende der Wanderung wird zum großen Fest, mit Kirchgang, Eintopf und Würstchen, Wein und Bier, Musik und Tanz. Pflicht sind auch die Alphornbläser, die mehr als einmal den Soundtrack zur Wanderung spielen. Die schönsten Almauf- und -abtriebe finden im Munstertal statt. Es fehlen nur die Gletscher, ansonsten ist die alpine Kulisse perfekt. *vallee-munster-transhumances.fr*

# SÉLESTAT

## EINKAUFEN

Während Bäcker *Marcel Kientz (9, Rue Prés Raymond Poincaré)* seinen „Meier-Sepp-Kuchen" rühmt, schwört Metzger *Richard Jaeglie (3, Place de la Victoire)* auf seine „Klöpfer" und „Krakauer". Noch mehr regionale Delikatessen gibt es mittwochvormittags auf dem 🌱 *Biomarkt* und samstagvormittags auf dem *Wochenmarkt*. 7 km östlich in Muttersholtz webt Michel zösischen *Restaurant* (€€€) und im bescheideneren *Apfelstuebel* (€€) regiert der Pomp. *15 Zi. | 8, Boulevard du Maréchal Foch | Tel. 03 88 92 07 84 | www.pommeraie.fr | €€€*

### AUBERGE DE L'ILLWALD

Hübsche Zimmer (und feine Küche in der urigen Wirtschaft) 6 km vor den Toren der Stadt im Illwald, wo sich Fuchs und Hase gute Nacht sagen. *9 Zi. | Le Schel-*

Lese-Pause: Die Domaine Kreydenweiss in Andlau arbeitet nach biodynamischen Grundsätzen

*Gander (10 a, Rue de Verdun | Mo–Sa 14–17.30 Uhr | www.tissage-gander.fr)* als Letzter INSIDER TIPP **Kelsch**, den regionalen Leinenstoff für Servietten, Tischdecken, Küchenschürzen und Vorhänge.

## ÜBERNACHTEN

### ABBAYE DE LA POMMERAIE

Dem Gebäude, das früher einmal ein Kloster war, wurde die Kargheit gründlich ausgetrieben. Im Hotel wie auch im fran-

*lenbuhl | Tel. 03 88 85 35 40 | www.illwald.fr | €€–€€€*

### INSIDER TIPP LES PRÉS D'ONDINE

Stéphane Dalibert hat sich einen Traum erfüllt und mit leichter Hand zwölf charmante Hotelzimmer im wenige Kilometer östlich gelegenen Rathsamhausen eingerichtet. Dazu gibts einen Salon und ein Frühstückszimmer mit Blick auf die Ill. Samstags lädt er zum Weinmenü ein (€€). *5, Route de Baldenheim | Rathsam-*

# COLMAR & WEINSTRASSE

hausen-le-Haut | Tel. 03 88 58 04 61 | www.presdondine.com | €–€€

## AUSKUNFT

10, Boulevard du Général Leclerc | Tel. 03 88 58 87 20 | www.selestat-tourisme.com

## ZIELE IN DER UMGEBUNG

### ANDLAU (122 C4) (*D8*)

Knapp 20 km nördlich in Andlau (1800 Ew.) war Winzer 🕒 *Marc Kreydenweiss (12, Rue Deharbe | www.kreydenweiss.com)* einer der Ersten, die nach den Lehren Rudolf Steiners biodynamisch arbeiteten. Gleich nebenan keltert Winzer *Jean Wach (16 a, Rue Maréchal Foch | www.vins-wach-alsace.fr)*, der den gleichen Weinberg konventionell beharkt. Welcher Wein schmeckt besser? Oberhalb von Andlau lohnt eine gemütliche Wanderung von Le Hohwald aus zum Wasserfall *Cascade de l'Andlau*.

### BAN DE LA ROCHE (122 B4) (*C7*)

Das wunderbar bestückte **INSIDER TIPP** *Musée Oberlin (25, Montée Oberlin | April–Sept. Mi–Mo 10–19, Okt.–März 14–18 Uhr | 4,50 Euro | www.musee-oberlin.com)* 35 km nordwestlich in Waldersbach im Steintal zeigt die Welt des Johann Friedrich Oberlin (1740–1826), der den Kindergarten erfand: Landkarten, Porträts, von ihm erfundenes Spielzeug und Lernmaterial, Musikinstrumente sowie obskure Objekte seiner Sammellust. Oberhalb davon führt die *Allé des Fiancés*, die Allee der Verlobten, in den Wald: Seit über 250 Jahren pflanzen hier Verliebte Lindenbäume! Wanderziele wie der Wasserfall *Cascade de la Serva* (90 Minuten) schließen sich an. Übernachten können Sie in *Bellefosse*, z. B. in der *Ferme Auberge Au Ban de la Roche (5 Zi., 1 Schlafsaal | 66, Rue Principale | Tel. 03 88 97 35 25 | €)* mit altertümlichen Zimmern, aber leckerer Küche *(bœuf bourguignon!)*, für die allein schon die Anfahrt lohnt. Auch die Küche des Restaurants *(Di-Mittag geschl. | €–€€)* im Hotel *Chez Julien (48 Zi. | 12, Route de Strasbourg | Tel. 03 88 97 30 09 | €€–€€€)* mit Spa in *Fouday* wird viel gerühmt.

### BERGHEIM (125 D1–2) (*D9*)

Zu Unrecht ein Stiefkind der Weinstraße ist das gut 10 km südlich gelegene Bergheim (1900 Ew.). Das Hexenhaus *Maison des Sorcières (Place de l'Église | Juli/Aug. Mi–So, 2. Juni-Hälfte und Sept./Okt. So 14–18 Uhr | 3 Euro)* und die Skulptur *Lack' Mi* („Leck mich") am Westtor sind die große und die kleine Sehenswürdigkeit. Für Weinfreunde ist die *Wistub du Sommelier (51, Grand'Rue | Tel. 03 89 73 69 99 | Mi/Do geschl. | www.wistub-du-somme*

## LOW BUDG€T

▶ Auf einer ● Weinwanderung durch die Reben von Eguisheim erklärt Ihnen ein Winzer Wein und Terroir. Danach gehts zur Weinprobe – beides gratis! *Treffpunkt am Eingang zum Campingplatz Des Trois Châteaux | Juni–Sept. Sa, Aug. auch Di 15.30 Uhr*

▶ Von Mai bis August nimmt der Nachtwächter in Turckheim Touristen kostenlos mit auf seine ● Tour durch die Nacht. Treffpunkt ist um 22 Uhr bei der alten Wache Corps de Garde.

▶ Im Sommer bietet das Touristenbüro Oberes Breuschtal in Schirmeck kostenlose geführte Themenwanderungen an. *114, Grand'Rue | Tel. 03 88 47 18 51 | www.hautebruche.com*

# SÉLESTAT

*lier.com | €–€€)* mit exzellenter Küche und großer Auswahl auch an offenen Weinen ein Muss. Als Weingut, Restaurant *(€–€€)*, Pension und Hotel mit Spa trumpft *La Cour du Bailli (4 Zi., 14 Apartments | 57, Grand'Rue | Tel. 03 89 73 73 46 | www.cour-bailli.com | €–€€)* auf. Weitere Argumente für einen Besuch des Städtchens sind Sylvie Spielmanns Pinot Noir *(www.sylviespielmann.com)* und Familie Heguenauers Konfitüren *(www.bergheim-confitures.com)*.

7 km weiter westlich in *Thannenkirch* befinden sich Jean-Marie Stoeckels für ihre Umweltverträglichkeit ausgezeichneten vier Gästezimmer und Apartments der ○ *La Sapinière (21, Rue du Haut-Kœnigsbourg | Tel. 03 89 73 13 13 | www.villalasapiniere.com | €)* samt Kräutergarten, Streuobstwiesen und zwei Eseln.

### EBERSMUNSTER (123 D5) (*E8*)

Die Barockkirche 8 km nordöstlich gilt wegen ihrer prächtigen Ausstattung, der Silbermann-Orgel und den drei Türmen als schönste in Ostfrankreich. Von Mai bis Juli finden hier die Kirchenkonzerte *Les Heures Musicales d'Ebersmunster* statt. Vom Nachbarort Muttersholtz steuert ● **INSIDER TIPP** der letzte Flussschiffer *Patrick Unterstock (21, Ehnwihr | Tel. 03 88 85 13 11 | 17 Euro | www.batelier-ried.com)* Ebersmünster mit dem Kahn an und bietet zudem Unterkunft in seinem *Indianertipi (6 Plätze | €)*. Wer ein richtiges Dach überm Kopf braucht, findet es in der *Ferme du Pays d'Eaux (4 Zi. | 22, Hameau d'Ehnwihr | Tel. 03 88 85 49 67 | www.relaisetape-lepaysdeaux.fr | €)*, z. B. in einem umgebauten Hühnerhaus mit Kanus vor der Haustür und Grill. Idyllisch!

### HAUT-KŒNIGSBOURG ★
(125 D1) (*D9*)

Keine Burg verkörpert das Elsass besser als die 15 km westlich gelegene Hohkönigsburg. Nach zig Besitzerwechseln (Lothringer, Fugger, Rathsamhausen …), Belagerungen, Zerstörung und letztendlich einem Dasein als Steinbruch wurde die ehemalige Stauferburg aus dem 12. Jh. 1899 dem deutschen Kaiser geschenkt, der sie restaurieren ließ. Bergfried, Wälle, Windmühle, Türme und Tore lassen nichts mehr von der ehemaligen Ruine erahnen. 32 000 Steine jeder Größe wurden für diese Idealburg verbaut. Von der Rheinebene aus wirkt ihre Silhouette perfekt an den Berg angepasst. Von Mitte März bis Ende Dezember fährt am Wochenende, von Mitte Juni bis Mitte September täglich vom Bahnhof Sélestat mehrmals ein Shuttlebus *(4 Euro | www.haut-koenigsbourg.fr/de/praktische_tipps/shuttlebus)* zur Burg. *Juni–Aug. tgl. 9.15–18, April, Mai und Sept. 9.15–17.15, März und Okt. 9.30–17, Nov.–Feb. 9.30–12 und 13–16.30 Uhr | 8 Euro | www.haut-koenigsbourg.fr*

Ganz in der Nähe verlocken zwei weitere Attraktionen zu Abstechern: Im Affenwald *Montagne des Singes (Juli/Aug. tgl. 10–18, Mai, Juni und Sept. 10–12 und 13–18, März/April und Okt./Nov. 10–12 und 13–17 Uhr | 8,50 Euro | www.montagnedessinges.com)* werden nordafrikanische Berberaffen auf die Auswilderung vorbereitet, und die Greifvogelwarte *Volerie des Aigles (9,50 Euro | www.voleriedesaigles.com)* in der Kintzheimer Burg lädt von April bis Mitte November mehrmals täglich zu 40-minütigen Flugschauen.

### ILLHAEUSERN (125 E2) (*D9*)

15 km südlich kocht hier in der *Auberge del Ill (2, Rue Collonges au Mont d'Or | Tel. 03 89 71 89 00 | Mo/Di geschl. | www.auberge-de-l-ill.com | €€€)* mit Marc Haeberlin einer der besten Köche Frankreichs. Reservierungen fürs Wochenende sollten Sie viele Wochen vorher anmelden, werktags gehts etwas schneller.

# COLMAR & WEINSTRASSE

### MITTELBERGHEIM (123 D4) (*D7*)

Das Weindorf 20 km nördlich ist einzigartig im Elsass: nicht nur wegen der Steinhäuser (als einziges Weindorf hat Mittelbergheim kein Fachwerk), wegen des Sylvaners, der hier auf Grand-Cru-Boden wächst, sondern auch wegen der Weinbergtulpe (Tulipa sylvestris), die ein Indikator für besonders gesunde Böden ist. Auch die beste kulinarische Adresse weit und breit findet sich hier: Das Hotelrestaurant *Gilg* (19 Zi. | 1, Route du Vin | Tel. 03 88 08 91 37 | Di/Mi geschl. | www.hotel-gilg.com | €€–€€€) vermählt aufs schönste französische Kochkunst und heimische Tradition. Gute Weine führen die 🌱 Biowinzer *Alfred Wantz* und *André Rieffel* in der Rue des Vosges.

Im Nachbarstädtchen *Barr* hat man einem besonders verrückten Sammler das *Musée de la Folie Marco* (30, Rue du Docteur Sultzer | Mai–Sept. Do–Di 10–12 und 14–18 Uhr, sonst auf Anfrage | Tel. 03 88 08 94 72 | 5 Euro | www.barr.fr) gewidmet. Es zeigt die großbürgerliche Wohnkultur des 18. Jhs. Barrs gute Stube und Terrasse ist das *S'Barrer Stuebel* (4, Place de l'Hôtel de Ville | Tel. 03 88 08 57 44 | Mo/Di geschl. | www.barrerstuebel.com | €).

Imposant und weithin sichtbar thront die Haut-Kœnigsbourg auf einem 757 m hohen Felsen

### MONT SAINTE-ODILE ⭐ 🌿
(122 C4) (*D7*)

Der Legende nach wurde das Kloster auf dem 35 km nördlich gelegenen, 764 m hohen Odiliënberg durch die blinde Tochter eines Merowingerkönigs gegründet. Sehenswert sind die Kreuzgänge. Etwas unterhalb sprudelt die Odiliënquelle mit ihren angeblichen Heilkräften für die Augen. Das Kloster unterhält zudem ein *Restaurant und Hotel* (111 Zi. | Tel.

# SÉLESTAT

03 88 95 80 53 | www.mont-sainte-odile.fr | €), beides günstig und gut.
Auf dem Weg liegen das für seinen Rotwein bekannte Dorf *Ottrott* und in *Klingenthal* das Museum *Maison de la Manufacture (2, Rue de l'École | März–Mai und Okt.–Dez. Mi–So 14–18, Juni–Sept. Mi–Sa 14–18, So 10–19 Uhr | 4 Euro | www.klingenthal.fr)* der ehemaligen Waffenschmiede Manufacture Royale d'Alsace. Originell in einer Kunststoffkugel übernachten können Sie in Klingenthal im *Hotel Bulles et une Nuit (2 Zi. | 4, Route de Grendelbruch | Tel. 06 64 13 95 05 | www.bullesetunenuit.fr | €€€)* mit Schwimmbad und Spa.

## OBERNAI (123 D3) (*m* D7)

Die 25 km nördlich gelegene Kleinstadt (11 000 Ew.) ist als mittelalterliches Gesamtkunstwerk mit Stadtmauer, Türmen und Brunnen ein Fest fürs Auge. Für besondere Einkaufserlebnisse sorgen die stylishe Weinhandlung *Barabos (1, Rue des Pèlerins)*, das auf Kelsch spezialisierte Stoffgeschäft *La Maison du Lin (61, Rue Général Gouraud)* und 13 km außerhalb bei Molsheim die *Ferme Maurer (Dachstein | Ostern–Okt. Di–So 9–12 und 14–18.30, Mo 14–18.30 Uhr | lafermemaurer.com)*, die für ihre Kunden statt Einkaufswagen Schubkarren bereithält. Feinschmeckeradressen sind *La Fourchette des Ducs (6, Rue de la Gare | Tel. 03 88 48 33 38 | Mo und außer So mittags geschl. | www.lafourchettedesducs.com | €€€)* und das Hotelrestaurant *Le Parc (62 Zi. | 169, Route de Ottrott | Tel. 03 88 95 50 08 | www.hotel-du-parc.com | €€€)* mit Schwimmbad und Sauna. Mit einem sehr guten Preis-Leistungs-Verhältnis überzeugt das zentrale Hotelrestaurant *Sainte-Odile (25 Zi. | 9, Rue du Marché | Tel. 03 88 95 48 88 | www.hotelsainteodile.com | €)*.
Das ● *L'O Espace Aquatique (6, Rue du Maréchal de Lattre de Tassigny | Mo–Do 10–20, Fr 10–21, Sa 9–20, So 9–18 Uhr | 4,98, mit Spa 12,50 Euro | www.lo-obernai.fr)* mit seinen Schwimmbecken und Spaangeboten ist das größte Bad im Elsass. Die berühmteste Intarsienwerkstatt des Elsass, die *Marqueterie d'Art Spindler (3, Cour du Chapitre | Mo–Sa 10–12 und*

# ERINNERUNGSKULTUR

Woran liegt es, dass man im Elsass Trachtengruppen gründet, Volkstänze aufführt und aus dem Stand seinen Stammbaum aufsagen kann, der oftmals bis ins 17. Jh. reicht? Eine Theorie besagt, dass es zu viel Wechsel zwischen Frankreich und Deutschland gab und diese Erinnerungskultur quasi der Anker in einer stürmischen Zeit ist. Seit einiger Zeit wird die Vergangenheit auch im ursprünglichen Wortsinn begangen: auf historischen Wegen. So gibt es im oberen Breuschtal bei Salm den *Sentier des Passeurs,* auf dem 1940–44 Menschen nach Frankreich flüchteten. Im gleichen Tal erinnern Wege an die Mennoniten, die später nach Amerika auswanderten. In Gunsbach im Münstertal wurden Albert Schweitzers Spazierweg sowie Wege zu den einst umkämpften Vogesengipfeln Gaschney und Lingenkopf-Hohrodberg ausgeschildert. Auch der Hartmannswillerkopf lässt sich auf solch einem Pfad begehen. Das ehemalige Kampfgebiet strahlt heute eine geradezu paradiesische Ruhe aus.

# COLMAR & WEINSTRASSE

Reste gallorömischer Tempel verleihen dem Donon eine mystische Aura

14–18 Uhr | www.spindler.tm.fr) mit über 100-jähriger Tradition, liegt 5 km westlich in *Bœrsch*. Noch wenig bekannt ist das INSIDERTIPP *Märchenhaus (Rue de Kertzfeld | nur von außen zu besichtigen)* 13 km südöstlich in *Westhouse,* wo sich ein Schmied mit märchenhaften Wandmalereien aus dem Fundus deutscher und französischer Märchen verewigt hat.

## VAL D'ARGENT UND VALLÉE DE VILLE
(122 B–C 5–6) (C–D 8–9)

Das knapp 25 km westlich gelegene *Sainte-Marie-aux-Mines* im Silbertal war früher eine Bergwerksstadt. Heute können noch zwei ● Minen besichtigt werden *(www.asepam.org)*. Im benachbarten Weilertal *(Vallée de Ville)* bekommen Sie in der *Ferme Auberge des Cimes (4 Zi. | 11, Route des Crêtes | Le Climont-Urbeis | Tel. 03 88 57 36 49 | Di-Abend und Mi geschl. | €)* nicht nur Menüs und Käse, sondern auch Eis vom Bauernhof. Am Talanfang in *La Vancelle* kocht der kräuterkundige Sébastien Buecher in der *L'Auberge Frankenbourg (13, Rue du Général de Gaulle | Tel. 03 88 57 93 90 | Di-Abend und Mi geschl. | www.frankenbourg.com | €€–€€€)*.

## VALLÉE DE LA BRUCHE
(122 B–C 2–3) (C–D 6–7)

40 km nördlich zieht sich das waldreiche Breuschtal von der Ebene bis hinauf zum keltischen Kultberg *Donon* (1008 m), der sich für kleine und große Wanderungen anbietet. Die wichtigste Stadt des Tals ist *Schirmeck*. Hier befindet sich die Gedenkstätte *Mémorial de l'Alsace-Moselle (Di–So 10–18.30 Uhr | 10 Euro | www.memorial-alsace-moselle.com),* die kompromisslos die oft unheilvolle Geschichte des Elsass und seines Nachbardepartements Moselle zeigt. Den *malgré-nous,* den von den Deutschen im Zweiten Weltkrieg Zwangsverpflichteten, ist ein Schwerpunkt gewidmet. Im nahen Natzwiller-Struthof liegt das berüchtigte KZ, heute eine Gedenkstätte *(Le Camp du Struthof | März–Weihnachten tgl. 9–17, Mitte April–Mitte Okt. bis 18.30 Uhr | 6 Euro | www.struthof.fr)*.

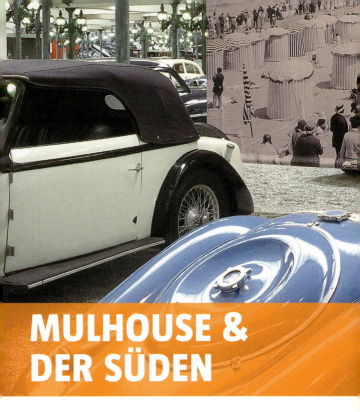

# MULHOUSE & DER SÜDEN

Es ist ein bisschen wie in der Schweiz: Der alemannische Dialekt im Sundgau klingt so rau und kehlig wie das Schweizerdeutsche, und auch Mülhausen hat seinen historischen Bezug zur Eidgenossenschaft. Und als einziger Airport weltweit wird der Flughafen Basel–Mülhausen von zwei Staaten – Frankreich und der Schweiz – betrieben.

Das Südelsass ist eine durch den Stadt-Land- und Berg-Ebene-Gegensatz geprägte Region, deren Grenzlage nicht immer Vorteile brachte. Im Ersten Weltkrieg fanden hier blutige Kämpfe statt. Heute steht die Region immer noch im Schatten Basels. Warum eigentlich? Der Süden ist dank Mulhouse und einer vielfältigen Landschaft mehr als nur der idyllische Herrgottswinkel des Elsass.

## MULHOUSE

(127 D1–2) (*C–D13*) **Die Stadt, die auf eine Mühle aus dem Jahr 803 zurückgeht, dreht heute immer noch am Rad.**

Lange Zeit gehörte Mülhausen (110 000 Ew.) an den Flüssen Doller und Ill zur Schweiz und lag wie eine Insel inmitten Frankreichs. Dadurch blieb die damalige Stadtfläche klein – sie entspricht ungefähr der heutigen Fußgängerzone. Mit dem Anschluss an Frankreich begann 1798 der industrielle Höhenflug (Tapeten, Farben, Stoffe und Chemie) – die Stadt wurde zum reichen Manchester Frankreichs, das Einwanderer anzog. Bis heute ist Mülhausen urban und kosmopolitisch

Bild: Cité de l'Automobile in Mulhouse

**Im südlichen Elsass: eine noch kaum entdeckte, lebendige Großstadt, das Sundgau an der Grenze zur Schweiz und der Vogesenkamm**

### CITY WOHIN ZUERST?

Bester Ausgangspunkt ist die **Place de l'Europe** an der Porte Jeune mit einem Parkhaus sowie mehreren Tramhaltestellen. Über die Rue Sauvage (Fußgängerzone) und die Rue Mercière sind Sie im Nu auf der Place de la Réunion. Vom Bahnhof führt die Avenue Général Leclerc auf die Avenue Maréchal Foch, die wiederum in die Rue Sauvage mündet.

sowie ein wichtiger Produktionsstandort. Peugeot-Citroën beschäftigt hier über 10 000 Arbeiter. Als zweites Standbein hat die Stadt den Tourismus entdeckt. Seit 2008 trägt sie das Prädikat „Stadt der Kunst und Geschichte".

### SEHENSWERTES

#### CITÉ DE L'AUTOMOBILE ★

Weil sich der Mülhauser Fritz Schlumpf als Textilunternehmer verzockte, kam 1976 das ganze Ausmaß seines Bugatti-

# MULHOUSE

Im Renaissancerathaus von Mulhouse wird seit fünf Jahrhunderten Politik gemacht

Spleens ans Tageslicht. Das Museum präsentiert 400 Autos aus Schlumpfs Sammlung, darunter Raritäten wie Hispano-Suiza, VW-Käfer, Rolls-Royce und Automobile aus dem 19. Jh. Mittlerweile gibt es auch eine Rennstrecke für Vorführungen. *15, Rue de l'Épée | April–Okt. tgl. 10–18, Nov./Dez. und Mitte Feb.–März 10–17, Jan.–Mitte Feb. Mo–Fr 13–17, Sa/So 10–17 Uhr | 11 Euro | citedelautomobile.com*

### CITÉ DU TRAIN
Großer Bahnhof für historische Stahlrösser! Fast 30 Lokomotiven und Züge sind hier zu bestaunen. Mittels Puppen hat man Szenen wie z. B. Agatha Christies „Mord im Orientexpress" nachgestellt – natürlich im historischen Originalzug. *2, Rue Alfred de Glehn | April–Okt. tgl. 10–18, Nov./Dez. und Mitte Feb.–März 10–17, Jan.–Mitte Feb. Mo–Fr 10–14, Sa/So 10–17 Uhr | 10,50 Euro | www.citedutrain.com*

### HÔTEL DE VILLE
Das historische Rathaus im Herzen der Stadt an der Place de la Réunion ist im Trompe-l'Œil-Stil bemalt und mit den Wappen Schweizer Kantone verziert. Gegenüber am Eckhaus zur Rue Guillaume Tell steht eine *Wilhelm-Tell-Statue,* ein weiterer Beleg für Mülhausens historischen Bezug zu den Eidgenossen. An der Seitenfassade des Renaissancebaus hängt der 13 kg schwere Klapperstein, der im Mittelalter Frauen mit losem Mundwerk zur Strafe umgehängt wurde. Dann mussten die Frauen mit dem Stein um den Hals verkehrt herum auf einem Esel durch die Stadt reiten. Am anderen Ende des Platzes befinden sich die *Apotheke Au Lys* mit sehr schöner Deckenbemalung und uralten Balken und das sogenannte *Mieghaus,* benannt nach dem Maler Mathieu Mieg, der die Fassade mit Szenen aus der Schweizer Geschichte bemalte.

# MULHOUSE & DER SÜDEN

### JARDIN ZOOLOGIQUE ★
1200 Tiere, 190 Arten – dieser Zoo ist groß! Neben Exoten wie Tiger und Löwen aus Indien gibt es auch einen Streichelzoo und Parks fürs Picknick. Ganz in der Nähe befindet sich im Villenviertel Rebberg der ☼ Aussichtsturm *Belvédère*. *111, Avenue de la 1ère Division Blindée | Mai–Aug. tgl. 9–19, April und Sept. 9–18, März und Okt./Nov. 9–17, Dez.–Feb. 10–16 Uhr | 13 Euro, Nov.–Mitte März 7 Euro | www.zoo-mulhouse.com*

### MUSÉE D'IMPRESSION SUR ÉTOFFES
Das Stoffdruckmuseum erinnert an die große Zeit, als Mülhausen der Welt Stoff gab. Der Fundus ist groß genug für zweimal Stoffwechsel pro Jahr. *14, Rue Jean-Jacques Henner | Di–So 10–12 und 14–18 Uhr | 8 Euro | www.musee-impression.com*

### INSIDER TIPP THE PAINTED WALLS
Wandmalereien haben Tradition in Mulhouse. Neueren Datums, nämlich von 2001, sind die Malereien in der Rue des Franciscains, an der Place Lucien Dreyfus und der Place de la Réunion, die Schäfer auf Stelzen und den „Schweissdissi" zeigen. Diese Bronzeskulptur von 1905 im Parc du Tivoli ist eine Hommage der Stadt an ihre Industriearbeiter. An die Häuser gegenüber sind Persönlichkeiten der Stadtgeschichte gemalt, z. B. Alfred Dreyfus. *Place Lucien Dreyfus/Rue des Franciscains*

### INSIDER TIPP PARKS
Ein Fünftel Mülhausens ist grün. Neben dem Zoo gibt es noch den für Rosenfreunde interessanten *Parc Wallach* im Stadtteil Riedisheim und den *Square Steinbach* in der Stadtmitte gegenüber vom Musée des Beaux Arts. Weitere Grünflächen sind der *Square de la Bourse*, der *Square du Tivoli* und der fast 2 ha große *Parc Salvatore,* der im Hochsommer jeden Donnerstag als Veranstaltungsort genutzt wird: ● *Les Jeudis du Parc* beginnen am frühen Abend, nach Einbruch der Dunkelheit werden Filme gezeigt. Sitzdecke oder Campingstuhl mitbringen!

### TEMPLE SAINT-ÉTIENNE
Vom Architekten Jean-Baptiste Schacre (1808–1876), der auch die katholische Église Saint-Étienne 500 m südwestlich an der Rue de Sinne und die Synagoge baute, stammt diese 1858–1868 erbaute

---

## MARCO POLO HIGHLIGHTS

★ **Petite Camargue Alsacienne**
Natürlich gut: Die Auenlandschaft am Rhein gleicht einem Dschungel → S. 85

★ **Jardin Zoologique in Mulhouse**
Ein Fest für alle, die Tiere und Pflanzen lieben. Tolle Gärten! → S. 79

★ **Cité de l'Automobile in Mulhouse**
Auf Hochglanz poliert: Bugattis und andere Rennmaschinen → S. 77

★ **Murbach**
Aus alter Zeit: romanische Kirche in traumhafter Lage → S. 84

★ **Route des Crêtes**
So weit, so gut: tolle Ausblicke von der Höhenstraße → S. 85

★ **Écomusée d'Alsace**
Fachwerk ist nicht gleich Fachwerk. Ein Dorf veranschaulicht alle Elsässer Baustile → S. 82

# MULHOUSE

neogotische Kirche, deren Kirchturm mit 97 m der höchste des Departements ist. Sehenswert sind die Bleiglasfenster, die noch aus dem 14. Jh. stammen. Als einzige protestantische Kirche Frankreichs steht sie an einem Hauptplatz.

## ESSEN & TRINKEN

### L'ARDOISE GOURMANDE

Kalbskopf, saure Nierle, Ochsenschwanzterrine: Für die kleine Karte mit Schwerpunkt auf Innereien hält man sich an Frankreichs Klassiker und Elsässer *knepfle*. In der Saison auch Muscheln. *3, Rue des Tanneurs | Tel. 03 89 46 66 98 | So/Mo geschl.* | €

### PÂTISSERIE JACQUES/CAFÉ MOZART

Als Mitglied der Patisserievereinigung Relais Desserts ist man es sich hier schuldig, nur mit den besten Zutaten und dem größten Feinsinn zu arbeiten. Probieren Sie auch das Eis! *Pâtisserie Jacques | 1, Place de la Réunion | Mi–Sa 6.30–18 Uhr; Café Mozart | 25, Place de la Réunion | Mo–Sa 10–19 Uhr | beide www.patisseriejacques.com*

### WISTUWA ZUM SAÜWADALA

Der kleine Unterschied: Hier gibt es *sauwädele* (Wade) und *sauwedele* (Schwänzchen) und weitere Elsässer „Schweinereien". Eine der schönsten Weinstuben Mülhausens! *13, Rue de l'Arsenal | Tel.*

Mal Pause von Sauerkraut und Flammkuchen? Erlesene *cucina italiana* gibts im Il Cortile

### IL CORTILE

Das einzige Restaurant Mülhausens mit einem Michelinstern ist zugleich das einzige *ristorante* Frankreichs mit dieser Auszeichnung. In der Woche günstige Mittagsmenüs. *11, Rue des Franciscains | Tel. 03 89 66 39 79 | So/Mo geschl. | www.ilcortile-mulhouse.fr* | €€€

*03 89 45 18 19 | Mo-Mittag und So geschl. | www.restaurant-sauwadala.com |* €

## EINKAUFEN

### L'APPART

Chinesische Vasen, die sich als raffiniertes Stecksystem für Teller und Schüsseln

# MULHOUSE & DER SÜDEN

entpuppen, Tableaus mit Street-Art und weitere schöne Dinge für Menschen, die schon alles haben. Das Geschäft führt auch Pacific Art – Designerkunst aus Guebwiller (!). *51, Rue de Trois Rois*

### ATELIER DE RELIURE
Buchbinderin Francine Villeneuve arbeitet mit Leder, mit handgeschöpftem Papier aus der eigenen Werkstatt sowie mit Pflanzenfasern, um Büchern eine interessante Hülle zu geben. Sie nimmt auch Auftragsarbeiten an. *5, Rue de la Synagogue*

### AU BOUTON D'OR
Große Käse, kleine Produzenten. Ob nun ein Maroilles aus dem Land der Shtis oder ein Munster aus dem Elsass, immer kommt der Käse von kleinen, lokalen Herstellern. *5, Place de la Réunion*

### INSIDER TIPP  MARCHÉ DU CANAL COUVERT
Bauernmarkt trifft Basar – kein Wunder in dieser an Immigranten so reichen Stadt. Ostfrankreichs größter und buntester Markt hat so gut wie alles: Schweizer Käse, Minze aus dem Libanon, Elsässer Wurst ... *Canal Couvert | Mi–So 6.30–19 Uhr*

### PORTE JEUNE
In der neuesten Shoppingmall am Europaplatz finden Sie weitere 50 Geschäfte und Restaurants.

### AU VILLAGE ITALIEN
Salami, Hartkäse, Pasta: Dieses „italienische Dorf" offeriert die ganze Welt der italienischen Genüsse. Pizza, Lasagne etc. auch zum Mitnehmen. *34, Rue Henriette*

## FREIZEIT & SPORT

### BAINS ROMAINS
Wenn Sie sich einmal besonders stilvoll entspannen möchten, ist dieses Jugendstilbad aus den 1920er-Jahren mit seinen verschieden temperierten Becken und Dampfbädern die richtige Wahl. *Piscine Pierre et Marie Curie | 7, Rue Pierre et Marie Curie | Mitte Sept.–Mai Frauen Mi 14.30–19.15, Fr 8.30–11.45 und 14.30–21, Männer Do 8.30–11.45 und 14.30–17.30, Sa 8.30–11.45 Uhr, gemischt Di 16–21, Do 17.30–21, Sa 14–19.15 Uhr | 11,30 Euro | www.mulhouse.fr/fr/bains-romains1*

### INSIDER TIPP  GREETERS
Die Greeters sind kontaktfreudige Menschen aus Mulhouse, die Besuchern gratis ihre Stadt zeigen. Themen wie Einkaufen, Museen und Nachtleben stehen im Angebot. Rechtzeitig anfragen! *www.greeters-mulhouse.com*

### RADFAHREN
Mulhouse fährt Rad – 40 Leihstationen sind in der Stadt verteilt! *2–6 Euro/Tag (je nach Dauer) | www.velocite.mulhouse.fr*

## AM ABEND

Mülhausens Nächte sind so bunt wie die Cocktails im *Le Carré (3, Rue du Mittelbach)*, wo es zur Vielfalt an der Bar auch eine kleine Speisekarte gibt. Nach jedem Sportereignis ist es im irischen Pub *Shamrock (1, Rue des Grains | www.leshamrock.fr)* brechend voll. Dort finden auch auch Konzerte statt, ebenso wie mittwochs im Kellergewölbe *Le Greffier (16, Rue de la Loi | www.legreffier.com)*. Der Donnerstag gehört den Tänzern im *Salsa Café (18, Passage des Augustins | www.salsacafe.fr)* – mit Gratis-Tanzstunde für jedermann und schöner Terrasse. Das *Noumatrouff (57, Rue de la Mertzau | www.noumatrouff.com)* holt Pop, Rock etc. in die Stadt und *La Filature (20, Allée Nathan Katz | www.lafilature.org)* Kammermusik, Ballett, Oper und Theater.

# MULHOUSE

Über das aktuelle Programm informieren die Tageszeitung L'Alsace, das Szeneblatt Journal des Spectacles und *www.mulhousebynight.com*.

## ÜBERNACHTEN

### HÔTEL DE BÂLE
Ein Stadthotel mit langer Tradition, an dem die Moden vorbeigegangen sind. Aber gerade das macht den Charme aus. Freundlicher Service. *31 Zi. | 19–21, Passage Central | Tel. 03 89 46 19 87 | www.hoteldebale.fr | €*

### BEST WESTERN HÔTEL DE LA BOURSE
Liebevoll eingerichtete Zimmer, deren Inspiration aus Südfrankreich und nur ein wenig aus dem Elsass stammt. Schöner Innenhof mit Garten. *31 Zi. | 14, Rue de la Bourse | Tel. 03 89 56 18 44 | www.bestwestern-hoteldelabourse-mulhouse.com | €€*

### HÔTEL DU PARC
Das Art-déco-Hotel ist eine Luxusherberge mit kleinem, aber sehr gutem *Restaurant* (€€–€€€) und jeden Abend Live Jazz in *Charlie's Bar*. Schwere Sessel, gehaltvolle Drinks. *76 Zi. | 26, Rue de la Sinne | Tel. 03 89 66 12 22 | www.hotelduparc-mulhouse.com | €€€*

## AUSKUNFT

*1, Place de la Réunion | Tel. 03 89 46 14 92 | www.tourisme-mulhouse.com*

## ZIELE IN DER UMGEBUNG

### ÉCOMUSÉE D'ALSACE ★
(125 D5) (*C12*)

Das Freilichtmuseum gut 15 km nördlich bei Ungersheim gehört zu den Erfolgsgeschichten des Elsass. Über 80 Fachwerkhäuser aus dem ganzen Elsass sowie u. a. ein Turm, eine Mühle, ein historisches Karussell und eine Streuobstwiese mit 220 Apfelsorten wurden hierher ins Niemandsland verpflanzt. Der Dorfbach plätschert wie eh und je, und gelegentlich gibt es Handwerksvorführungen. Einen authentischeren Blick ins alte Elsass finden Sie nirgends. *April–Okt. und Ende Nov.–Anfang Jan. Mi–So 10–18, Mitte Juni–Aug. tgl. und teilweise bis 19 bzw. 22 Uhr | 13 Euro | www.ecomusee-alsace.fr*

### GUEBWILLER (124–125 C–D5) (*C12*)
Das 25 km nordwestlich gelegene Gebweiler (11 500 Ew.) im Florival (Blumental) wird leicht übersehen. Dabei gibt es hier viele süße Adressen, die romanische Kirche *Saint-Léger* mit ihren drei Türmen und einen heißen Tipp fürs Nachtleben: Niemand Geringeres als Clara Schumann weihte 1862 in dem für seine Akustik berühmten *Dominikanerkloster (34, Rue des Dominicains | www.les-dominicains.com)* die Konzertreihe *Les Dominicains de Haute Alsace* ein. Heute hört man hier Hip-Hop, Rock und Ambient – und auch immer noch Klassik. Natürlich wird in Guebwiller auch Wein gekeltert – gleich vier Grand-Cru-Lagen hat das Städtchen an der Lauch. Der in Guebwiller geborene Keramiker Théodore Deck war im 19. Jh. ein Star seiner Zeit. Er erfand sogar eine Farbe, das „Bleu Deck", das Sie heute auf Skulpturen und Kacheln im **INSIDER TIPP** *Musée Théodore Deck (1, Rue du 4 Février | Mo und Mi–Fr 14–18, Sa/So 10–12 und 14–18 Uhr | 4 Euro)* bewundern können.

Während die *Pâtisserie Helfter (8, Place de l'Hôtel de Ville | www.helfter.fr)* auf den *kugloff* setzt, hat sich die *Pâtisserie Husser (135, Rue République | www.patisserie-husser.fr)* auf den *langhoff,* also die lange Variante, spezialisiert. Guten Wein führen die *Domaines Schlumberger (100 Rue Théodore Deck | www.domaines schlumberger.com),* die als größtes Wein

# MULHOUSE & DER SÜDEN

Nostalgisches Landleben: Ein Besuch im Freilichtmuseum in Ungersheim gerät zur Zeitreise

gut der Region sogar Platz für ein Freilichtmuseum haben. Die Einheimischen lieben *Le Bratzala (32, Rue de l'Église | Tel. 03 89 28 60 78 | Do geschl. | €)*: Raymond kocht elsässisch, Ehefrau Suzel sammelt Elefanten aus Plüsch, Holz, Keramik und macht den Service. Auskunft: *7, Rue de la République | Tel. 03 89 76 10 63 | www.tourisme-guebwiller-soultz.com*

### HUNINGUE (127 F3) (*m* E14)
Früher ein Kanal, heute eine Wildwasserbahn: Mitten im 30 km südöstlich gelegenen Hüningen rauscht der *Parc des Eaux Vives (Feb.–Nov., stark wechselnde Zeiten, Juli/Aug. Mo–Fr 9–21, Sa/So 9–19 Uhr | verschiedene Tarife | www.ville-huningue.fr)*. Kanu- und Kajakfahren, Rafting sowie Stand-up-Paddling sind auf dem wilden Wasser möglich. Es gibt Boote und Ausrüstung zum Leihen und auch Anfängerkurse.

### LAUTENBACH (124 C5) (*m* B–C11)
Das 30 km nordwestlich gelegene Lautenbach (1600 Ew.) wurde durch Jean Egens Roman „Die Linden von Lautenbach" berühmt. Diese stehen immer noch. Im Ort locken der hübsche Tante-Emma-Laden *Ripaille des Chaumes* („Das Gelage der Alm") mit Käse, Wurst, Gebäck und Kaffee sowie das Bistro *Au Deux Clefs* mit seiner Sammlung von Emailleschildern. Für historisch Interessierte ist die romanische Stiftskirche aus dem 11./12. Jh. mit einer sehr schönen dreibogigen Vorhalle ein Must. Dort grinst eine Hexe am Portal. Lohnend ist auch ein Abstecher in den Ortsteil *Lautenbachzell* in das in einer alten Mühle untergebrachte *Vivarium (6, Rue du Moulin | Di–So 14–18, Juli/Aug. 10–18 Uhr | 7 Euro | www.vivariumdumoulin.org)* mit seinen Spinnen.

### LE MARKSTEIN ☀ (124 B5) (*m* B11)
Jedes Frühjahr wird das 45 km nordwestlich gelegene Skigebiet (1176 m) zur großen Kuhweide und bietet Platz genug für Kühe, Wanderer, Spaziergänger und eine Sommerrodelbahn. Ganz in der Nähe tischt Vogesen-Urgestein Jean-Paul Dey-

# MULHOUSE

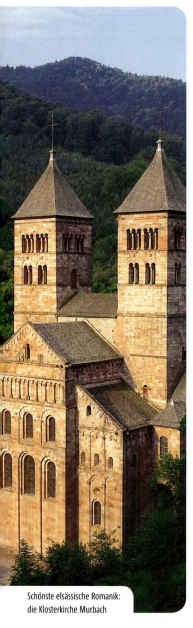

Schönste elsässische Romanik: die Klosterkirche Murbach

bach in der ● INSIDER TIPP ▶ *Ferme Auberge du Treh* (Tel. 03 89 39 16 79 | Ostern–Mitte Nov. tgl. | €) das beste Melkermenü auf. Von hier bietet sich ein Ausflug zum *Lac du Wildenstein* an. Am (inoffiziellen) Badesee gibt es eine Ausleihstation für Kanus, Tretboote, Räder und E-Bikes und einen *Hochseilgarten (April–Juni und Sept./Okt. Mi, Sa, So 13.30–18, Juli/Aug. tgl. 9–19 Uhr | 22 Euro | www.parcarbre aventure.com).*

### MURBACH ★ (124 C5) (*C11*)

Das im 12. Jh. gegründete Kloster war in alter Zeit das wichtigste Kloster im Elsass und gilt heute, trotz Abriss des Langschiffs, als der schönste romanische Bau des Elsass. Schöne Aussicht von der nahen ☼ *Chapelle Notre-Dame de Lorette*. Lohnende Wanderziele in der Nähe sind sind Grand Ballon und Judenhut.

Vor dem Tor befindet sich die *Auberge de l'Abbaye (Tel. 03 89 74 13 77 | Di/Mi geschl. | www.aubergedelabbaye-murbach. com | €)* mit Sommerterrasse und Flammkuchen. Ein Paradies ist Sylvie Rothenflugs *Schaeferhof (4 Zi. | 6, Rue de Guebwiller | Tel. 03 89 74 98 98 | €€€):* feine Tücher, hübsche Kacheln, filigran bemaltes Holz, Fachwerk und italienischer Verputz und hier und da ein Engel. Zum Frühstück gibt es selbst Gebackenes und selbst gemachte Konfitüren.

### INSIDER TIPP ▶ MUSÉE DU PAPIER PEINT (127 D3) (*D13*)

Mit der Erfindung der Panoramatapete holten sich die Bürger die große weite Welt ins Haus. Auf den mehrere Meter großen Tapeten war Platz genug für exotische Szenen, wie das Museum in Mülhausens östlichem Vorort Rixheim zeigt. *22, Rue Zuber | Rixheim | Mi–Mo, Mai–Okt. tgl. 10–12 und 14–18, Vorführungen Juni–Sept. Di, Do, Sa 15.30 Uhr | 7 Euro | www.museepapierpeint.org*

# MULHOUSE & DER SÜDEN

### INSIDER TIPP  PARC DE WESSERLING
(124 B5) (*B12*)

Knapp 35 km nordwestlich, wo früher die Fabrikschlote mit den in Husseren-Wesserling produzierenden Textilindustrie rauchten, wiegen sich heute Blumen im Wind. Gleich fünf Gärten hat man in diesem Freilichtmuseum angelegt, u. a. einen Gemüseziergarten. Das *Musée Textile* erinnert an frühere Zeiten. *Rue du Parc | Feb.–Dez. Di-Sa 10–12 und 14–18, So, Mitte Juni–Sept. tgl. 10–18 Uhr | 6 Euro | www.parc-wesserling.fr*

### PETITE CAMARGUE ALSACIENNE ★
(127 F3) (*E14*)

Dieses Naturschutzgebiet in den Rheinauen liegt 30 km südlich bei Saint-Louis. Kiebitz, Rohrweihe und Nachtigall sind hier heimisch, auch seltene Orchideen wachsen in diesem Dschungel. Zudem befinden sich auf dem knapp 10 km$^2$ großen Gelände eine Fischzucht und das Naturschutzhaus *Maison de la Reserve,* das über die Geschichte des Rheins informiert. *www.petitecamarguealsacienne.com*

### ROUTE DES CRÊTES ★
(124 B–C 2–6) (*B–C 9–12*)

Die gut 75 km lange ehemalige Militärstraße verbindet auf einer Höhe zwischen 950 und 1250 m alle wichtigen Vogesengipfel und ist sehr beliebt bei Motorradfahrern. Im Winter und bis weit ins Frühjahr hinein ist sie gesperrt. Überall bieten sich gute Wandermöglichkeiten zu Gipfeln, Almen und Seen, und Bergbauernhöfe gibt es alle paar Kilometer.

### ROUTE JOFFRE
(126 B1) (*B12–13*)

Die im Winter meist gesperrte Militärstraße aus dem Ersten Weltkrieg führt vom Thurtal über den 748 m hohen Col du Hundsruck ins Dollertal und verbindet Thann mit Masevaux. Die 15 km sind kurvenreich, die Aussicht ist schön.

### SOULTZ-HAUT-RHIN (124 C5) (*C12*)

Gut 20 km nordwestlich befindet sich in der ehemaligen Komturei des Malteserordens das Spielzeugmuseum *Le Nef des Jouets (12, Rue Jean Jaurès | März–Mitte*

# FLAMMKUCHEN

Jedes Dorf und jede Stadt hat mindestens ein Restaurant oder eine *winstub* mit *tarte flambée,* wie die elsässische Pizza auf Französisch heißt. Der mit Crème fraîche bestrichene und mit Speck und Zwiebeln belegte Teigfladen stammt ursprünglich vom Kochersberg, einem ländlichen Gebiet vor den Toren Straßburgs. Es wurde Schnaps dazu getrunken, alle Zutaten waren aus dem Dorf. Heute kaufen viele Restaurants Rahm, Zwiebeln, Speck und Käse im Großhandel und setzen neben den Klassikern *nature* (ohne Käse) und *gratinée* (mit Käse) Abenteuerliches mit Sauerkraut, Knoblauch oder gar mit Schinken und Ananas auf die Karte. Die wirklich guten Adressen lassen sich auf keine Experimente ein. Für einen echten Flammkuchen muss man raus aufs Land, dahin, wo es richtige Holzöfen gibt. Ein guter Flammkuchen muss am Rand schwarz sein, erst dann ist er wirklich gut. Wer auf Nummer sicher gehen will, schaut, ob das Lokal Mitglied in der Bruderschaft Confrérie du Véritable Flammekueche ist: Die müssen backen, bis sie schwarz werden …

# MULHOUSE

Jan. Mi–Mo 14–18 Uhr | 4,60 Euro | www.soultz68.fr/lanefdesjouets). Metzger Gilbert Schluraff ist Soultz' Lokalmatador in Sachen traditioneller Küche. In seiner **INSIDER TIPP** *Metzgerstuwa (69, Rue de Lattre de Tassigny | Tel. 03 89 74 89 77 | Sa/So geschl. | www.metzgerstuwa.fr | €)* serviert er Fleischgerichte in enormen Portionen und selten gewordene Delikatessen wie gegrillte Markknochen. Wie alle Metzger mag er aber auch Süßes.

## SUNDGAU
(126–127 C–E 2–5) (*C–D 13–15*)

Wie eine Beule drückt sich der Sundgau in die Schweiz hinein, mit der es eine lange Grenze, den Dialekt und sogar eine Tramlinie (Nummer 10 aus Basel, Haltepunkte Leymen und Rodersdorf) teilt. Auch die Juralandschaften mit ihren grauen Felsformationen gleichen sich. Südlich der ehemaligen Habsburger Residenz Ferrette vermittelt der Sundgau das Bild einer aus der Zeit gefallenen Landschaft. Wer noch tiefer in die Vergangenheit eindringen will, sollte auf Burgruinen wie *Landskron* oder *Hohenpfirt* wandern. Dörfer wie *Hirtzbach* bezaubern mit liebevoll bepflanzten Gärten und enormen Bauernhöfen.

Durch den in *Vieux-Ferrette* ansässigen Käseaffineur Bernard Antony ist die Region überregional bekannt. In seinem *Sundgauer Käs-Kaller (5, Rue de la Montagne | Tel. 03 89 40 42 22 | www.fromagerieantony.fr)* findet die *cérémonie des fromages* (nur mit Anmeldung, 59 Euro pro Person!) statt, außerdem dort auch Verkauf. Den Käsekönig trifft man auch auf den Wochenmärkten in *Riedisheim* (Mi-Vormittag), *Huningue* (Fr-Vormittag) und *Altkirch* (Sa-Vormittag). Das typische Essen des Sundgaus aber ist der Karpfen, wie er im **INSIDER TIPP** *À l'Arbre Vert (17, Rue Principale | Tel. 03 89 07 11 40 | Mo/Di geschl. | €)* in Heimersdorf in einer Panade aus Grieß frittiert wird. Raffinierter wird das Thema in der *Auberge des Trois Vallées (16, Rue d'Altkirch | Tel. 03 89 40 50 60 | Mo-Abend und Mi geschl. | €–€€)* in Hirsingue interpretiert. Noch mehr Fisch gibt es auf den *Routes de la Carpe Frite (www.carpe-frite.fr)*. Schön übernachten und gut speisen *(Mo/Di geschl. | €–€€)* können Sie im Hotelrestaurant *Le Petit Kohlberg (27 Zi. | Petit Kohlberg | Tel. 03 89 40 85 30 | www.petitkohlberg.com | €)* in Lucelle direkt an der Schweizer Grenze, das seinen Gästen gratis Mountainbikes verleiht. Räder und E-Bikes werden zudem in *Ferrette* im *Office de Tourisme (Tel. 03 89 08 23 88)* verliehen. Die abwechslungsreiche Landschaft aus Wald, Wiesen, Bergen und Seen wird aber auch Reitern und Wanderern gefallen.

## LOW BUDG€T

▶ Wappen, Ritterrüstungen, Porträts, Stadtansichten: Das ● *Musée Historique* im historischen Rathaus von Mulhouse macht seinem Namen alle Ehre – und der Eintritt ist frei. *Place de la Réunion | Mi–Mo 13–18.30 Uhr | www.musees-mulhouse.fr*

▶ Dienstags, donnerstags und freitags von 6 bis 22 Uhr dürfen Auswärtige umsonst an der *Mineralquelle in Wattwiller (2, Rue de Guebwiller)* Wasser abfüllen. Bis zu sechs Flaschen pro Person sind erlaubt.

### THANN (126 B–C1) (*B12*)

20 km westlich in Thann (8000 Ew.) gibt es keine Winzer mehr, dafür aber immer noch Wein. Einer der berühmtesten Grands Crus des Elsass, der Rangen, wird von auswärtigen Winzern gemacht. Ho-

# MULHOUSE & DER SÜDEN

telier Didier Seltz vom *Hôtel du Rangen* (24 Zi. | 37, Rue du Général de Gaulle | Tel. 03 89 37 47 33 | www.hoteldurangen.com | €) veranstaltet *Degustationen* (12 Euro/Pers.) in seinem schönen Gewölbekeller. Die passenden Delikatessen dazu führt die 🌱 *Biokäsehandlung Fromandises* (11, Rue Saint-Thiébaut). Thann hat mit der *Collégiale Saint-Thiébaut* eine außergewöhnlich schöne gotische Kathedrale, deren knapp 80 m hoher Turm einer spitzen Nadel gleicht. Nicht zu übersehen ist auch das *Œil de la Sorcière* („Hexenauge") genannte Loch eines umgestürzten Bergfrieds auf der *Ruine Engelsburg*. Die Kleinstadt ist mit Mulhouse per Straßenbahn verbunden.

### THIERENBACH (124 C5) (*m* C12)

Das knapp 25 km nordwestlich gelegene Dorf in der Gemeinde Jungholtz zieht Gläubige wegen seiner Wallfahrtskirche *Notre Dame de Thierenbach* an. Außergewöhnlich ist ein Besuch in der *Ferme des Moines* (Rue de Thierenbach | Tel. 03 89 76 93 01 | Mo geschl. | www.lafermedesmoines.fr | €–€€). Wie im Kloster tafeln die Gäste an überlangen Tischen. Dreimal täglich ertönt eine sonore Stimme, die von Mönchen und Pilgern erzählt, dazu gregorianische Gesänge. Die Küche ist elsässisch-französisch. Im Wellnesstempel (Pool, Sauna, Massage) *Les Violettes* (22 Zi. | Rue de Thierenbach | Tel. 03 89 76 91 19 | www.les-violettes.com | €€€) mit Blick auf den Zwiebelturm der Basilika dürfen Körper und Geist zur Ruhe kommen. Das Restaurant (€€–€€€) kocht international.

### VALLÉE NOBLE (124 C4) (*m* C11)

Der Name spricht für sich: Im „noblen Tal", das 30 km nördlich bei Rouffach abzweigt, wird edel gekocht und nobler Wein gemacht. Das *Cheval Blanc* (20, Rue de Rouffach | Tel. 03 89 47 01 16 | Mo/Di geschl. | www.auberge-chevalblc.com | €€–€€€) in *Westhalten* vereint die große Küche und die großen Weine der Region unter seinem Dach. Bei dem Winzer INSIDER TIPP *Seppi Landmann* (20, Rue de la Vallée | Tel. 03 89 47 09 33 | www.seppi-landmann.fr) in *Soultzmatt* dürfen Gäste nach Anmeldung bei der Weinlese helfen, mit Weinprobe und Verpflegung aus Landmanns Landküche (Einzelpersonen und Familien frei, für Gruppen 45 Eu-

Detail an Saint-Thiébaut: Für die Thanner ist ihr Münster das schönste

ro/Person). Ebenfalls in Soultzmatt wartet *Le Paradis des Sources* (Avenue Nessel | Tel. 03 89 22 44 44 | www.music-hall-sources.com), ein Revuetheater mit Strass, Pailletten und Showgirls.

### VIEIL-ARMAND (124 C6) (*m* C12)

Im Ersten Weltkrieg fanden 1914/1915 30 km nordwestlich von Mulhouse am Hartmannswillerkopf die blutigsten Kämpfe im Elsass statt. Eine Krypta und ein Denkmal erinnern an die 30 000 toten Soldaten. Das Schlachtfeld zeigt sich heute als idyllischer Ort, nur hier und da erinnern Stacheldraht, Unterstände sowie Warnhinweise an das Gemetzel.

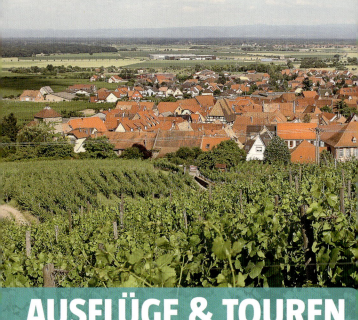

# AUSFLÜGE & TOUREN

Die Touren sind im Reiseatlas, in der Faltkarte und auf dem hinteren Umschlag grün markiert

## 1 AUF DEM FAHRRAD DURCHS „KRUMME" ALSACE BOSSUE

Alles im grünen Bereich: Wiesen, Wälder, lauschige Dörfer. Eine Radtour durchs wenig bekannte Alsace Bossue erklärt, warum es für die Elsässer ein Krummes Elsass ist und für die Franzosen ein Alsace Bossue, also ein „buckliges Elsass". Für die 37 km sollten Sie sich mindestens vier, fünf Stunden Zeit nehmen. Und zum Schluss gibts Schinkenbrote!

Der Ausgangspunkt **Lorentzen** ist mit seiner überbreiten Hauptstraße ein für die Region typisches Straßendorf. Dank der Vorgärten verstärkt sich der Eindruck von Weite. Das **Office de Tourisme** *(90, Rue Principale | Tel. 03 88 00 40 39 | www.tourisme.alsace-bossue.net)* verleiht Räder und E-Bikes, auf Wunsch und ohne Aufpreis mit Fahrradkorb, Kindersitz und Helmen *(10 Euro/Tag)*. Die Tour zu „Sandstein und Waldgeheimnissen" *(Grès et Mystères de la Forêt)* ist ausgeschildert. Vom Kreisel am Ortsausgang fahren Sie zunächst über einen Feldweg, dann über eine Brücke und am jüdischen Friedhof vorbei, bis Sie Diemeringen erreichen. Das Städtchen streifen Sie nur am Rande. Jetzt müssen Sie sich plagen: Es geht bergauf, dann an Wiesen vorbei bergab, in den Wald und erneut den Buckel hoch. Die Mühe lohnt sich, denn **Ratzwiller** (an der Waldkreuzung links abbiegen) hat einen wunderbar herausgeputzten Ortskern mit Vorgärten, wo viele Rosen blühen. Passen Sie auf, denn nach dem

Bild: Dambach-la-Ville

## Zu Fuß und auf dem Rad zu Burgruinen und Grand-Cru-Weinen, zu Bergbauern und Küchenmeistern: Leben wie Gott im Elsass

Ortsende wird der Radweg zum abschüssigen, mit Bodenwellen übersäten Waldweg. In der Talsenke können Sie am Fischweiher rasten, oder Sie radeln ein paar Meter weiter zur rustikalen **Ratzwiller Mühle.** Wirtin Anneliese versorgt Sie mit Bier, Sirup und manchmal mit Brezeln. Das erste Drittel – ca. 10 km – ist geschafft. Nach 300 m, noch vor der Rechtskurve, verlassen Sie die geteerte Fahrstraße und radeln über Stock und Stein, dann über eine kleine Brücke bis zur **Heidenkirche,** Überbleibsel eines im 16. Jh. verlassenen Dorfs. Beim Weiler Speckbronn (Kilometer 15) kommen Sie zur Auberge de la Source; dort biegen Sie rechts in den Wald ab, wo Sie das steilste Stück der Tour erwartet. Im Wald zweigen Sie rechts nach Volksberg ab, passieren später Weislingen und folgen dem Schild „Toutes Directions". Am Ortsausgang biegen Sie in die Rue des Cérises ein und kommen dann – nach Wald, Wiesen, Wasserturm – nach **Waldhambach,** dem vielleicht schönsten Dorf auf dieser Tour. Bis **Diemeringen** kommt dann wieder das mittlerweile vertraute Auf und Ab. Dort lohnt die gut sortierte 🌱 Bioweinhandlung **Vins Hommes Terroirs** *(69, Rue Principale)* am Ortsausgang links den Stopp.

Von hier zurück nach **Lorentzen** (Kilometer 30) sind es nur wenige Minuten. Links am Ortseingang ist die Mikrobrauerei **Roehrig**, die, falls geöffnet, ihre Biere Lorentzer Weisse und S'Helle zur Kostprobe gibt. Lorentzen durchfahren Sie der Länge nach Richtung **Domfessel**. Dort ist die evangelische Wehrkirche das Ziel. In **Vœllerdingen** bietet sich zunächst im 🌱 INSIDERTIPP **Biolädele Les Vergers d'Arlette** von Arlette und Gérard Carrière eine Apfelsaftprobe an. Die Biopioniere führen auch Cidre und Schnäpse und eine kleine **Pension** *(3 Zi. | 9, Rue Principale | Tel. 03 88 00 07 91 | www.lesvergersdarlette.com | €)*.

Einen Katzensprung weiter biegen Sie rechts in die Rue du Moulin und lassen sich bis zur Mühle **Moulin de Vœllerdingen** *(Di–So 7–19 Uhr)* hinunterrollen, wo Sie Schinkenbrote und ein Angelweiher erwarten. Nach Lorentzen zurück sind es über die bekannte Strecke nur wenige Minuten.

## WANDERUNG BEI DAMBACH-LA-VILLE

Zum Wandern ist das Elsass ideal, auf jeden Gipfel hat der Club Vosgien Wege angelegt. Diese Tour vom Renaissancestädtchen Dambach-la-Ville verbindet das Weinelsass mit dem Elsass des Mittelalters und der Kelten. Zum historischen Rückblick gibt es noch einen der schönsten Ausblicke ins Rheintal. Für die 15 km sollten Sie vier Stunden reine Gehzeit einplanen. Wenn möglich, sollten Sie den Mittwoch wählen, denn dann ist in Dambach-la-Ville Wochenmarkt. Speck, Käse, Bauernbrot: alles rein in den Rucksack, das nächste Picknick kommt bestimmt!

Um einen guten Eindruck von der Renaissancestadt **Dambach-la-Ville** zu bekommen, parken Sie den Wagen am besten außerhalb der Stadtmauern und betreten das 900 Jahre alte Weindorf mit Stadtrecht durch die Porte d'Ebersheim und verlassen es wieder über die Porte de Scherwiller. Falls Sie Süßes brauchen: Unterwegs kommen Sie an der **Pâtisserie Kamm** *(80, Rue Maréchal Foch)* vorbei. Dambach lebt vom und für den Wein, gut erkennbar an den zahlreichen Schildern „Vins Fins". 450 ha Reben werden gezählt, 56 davon gehören zur Grand-Cru-Lage Frankstein.

Das erste Ziel ist die **Chapelle Saint-Sébastien.** Sehenswert sind der Barockaltar, die geschnitzte Madonna (das Original befindet sich im Musée d'Unterlinden in Colmar) und das Beinhaus mit seinen 12 000 Skeletten, Relikt und Mahnung aus kriegerischen Zeiten. Bis zur **Ruine Bernstein** sind es dann knapp 30 Minuten bergauf durch Hohlgasse und Eichwald. Mit dem fossilen Harz hat die Ruine übrigens nichts zu tun, sondern mit Bären – richtig müsste sie also „Bärenstein" heißen. Im nahen Andlau hielt man aus religiösen Gründen Bären, auch Dambach-la-Ville hat einen Bären im Wappen, und im Frühjahr riecht hier alles nach Bärlauch, französisch *ail des ours*. Mehrere Sitzbänke laden zu einem Picknick ein. Kinder sollten Sie hier nicht unbeaufsichtigt kraxeln lassen, weil die Ruine nicht gesichert ist.

Die nächste Burgruine, **Ortenbourg**, liegt etwas mehr als eine Stunde entfernt. Auf nahezu gerader Strecke streifen Sie mehrere Pilzreviere (Steinpilze!), wie der geschnitzte Pilz am Wegrand erahnen lässt. Kurz bevor es zur Ortenbourg geht, treffen Sie auf Sitzbänke – eine weitere mögliche Picknickstelle. Ab

# AUSFLÜGE & TOUREN

Ein Zeigefinger in der Landschaft: Picknickplatz und Panoramapunkt Ortenbourg

hier befinden Sie sich in einem Naturschutzgebiet. Die an einen erhobenen Zeigefinger erinnernde Ortenbourg wurde 1633 im 30-jährigen Krieg verwüstet. Das Felsennest lohnt jeden Weg, nicht nur als Picknickplatz, sondern auch wegen der Aussicht ins Rheintal und auf die Hohkönigsburg gegenüber. Lust auf eine dritte Burg? Die Feste **Ramstein** liegt nur fünf Minuten bergab.

Nach Dambach retour sind es von hier noch knapp eindreiviertel Stunden. Der Pfad führt zuerst bergab und mündet dann in einen Weg durch die Weinberge. Unterwegs sollten Sie unbedingt beim **Rocher des Celtes** haltmachen. Der Felsen, angeblich einst eine keltische Ritualstelle, ist bei Fotografen ebenso beliebt wie bei Smaragdeidechsen, die sich hier sonnen. Auch der mittelalterliche Garten in **Dieffenthal,** das Sie kurz darauf erreichen, ist hübsch anzuschauen.

Nach einem guten Stück auf dem Jakobsweg durch die Reben und die berühmte Lage Frankstein taucht hinter den Weinhügeln schon bald der spitze Kirchturm von Saint-Étienne auf. **Dambach-la-Ville** betreten Sie über die Porte de Blienschwiller. Jetzt, wo sich der Markt verlaufen hat, könnten Sie die Tour mit einer Stadtbesichtigung (Bärenbrunnen) und Weinprobe abschließen, z. B. in den Grand-Cru-Weingütern Florian Beck-Hertweck, Didier Beck oder Ruhlmann-Schutz. Oder möchten Sie doch gleich ins Restaurant zu einem Bärlauchsüppchen? Auch dort gibt es *vins fins* aus Dambach-la-Ville.

### GENUSSTOUR VON EGUISHEIM NACH NIEDERMORSCHWIHR

Für das gute Leben ist das Elsass eine erste Adresse. Hier gibt es französische Raffinesse in deutschen Portionen, so das Klischee. Ausgangspunkt dieser Genusstour ist Eguisheim, eines der schönsten Dörfer im Elsass, Zielort das kulinarisch interessante Niedermorschwihr. Für die 90 km sollten Sie anderthalb Stunden reine Fahrzeit einplanen sowie reichlich Zeit für Degustationen, Mittag- und Abendessen sowie Spaziergänge. Beine vertreten muss auch sein!

**Eguisheim** an der Weinstraße ist bekannt für seinen kreisrunden Stadtgrundriss, für Blumen und Fachwerk. In den Ringstraßen kann man sich nicht verlaufen. Beginnen Sie den Tag mit einem Croissant aus der **Pâtisserie Marx** und mit einem Cappuccino mit echtem Milchschaum im **Le Café Australien.** Das findet man im Elsass nicht überall!

Schon vom Ort aus sehen Sie die drei Türme, „drei Exen" genannt, die oberhalb von Husseren-les-Châteaux an der Route des Cinq Châteaux aus dem Wald ragen. Über diese Burgenstraße gelangen Sie ins Munstertal, von wo Sie über die D 417 nach Wasserbourg fahren und von dort zur ausgeschilderten **Ferme Auberge Le Buchwald** (Tel. 03 89 77 37 08 | Mo geschl. | €). Bei den hübsch gefleckten Kühen auf der Alm handelt es sich um *vosgiennes,* die von Familie Wehry gezüchtet werden. Dieses ehemals fast ausgestorbene Vogesenrind liefert die beste Milch für Bergkäse, Tomme, Munster und Butter. Auf der Terrasse lässt es sich mit Blick ins Rheintal deftig nach Bergbauernart speisen.

Wenn Ihnen der Sinn nach feinerer Kost steht, fahren Sie auf gleicher Strecke zurück nach **Wihr-au-Val** und dort ins **La Nouvelle Auberge** (9, Route Nationale | Tel. 03 89 71 07 70 | Brasserie Di und So sowie abends geschl., Restaurant Mo/Di geschl. | Brasserie €, Restaurant €€–€€€), dessen Chefkoch mittags zweigleisig fährt: Im Restaurant zelebriert der gebürtige Bretone Bernard Leray gehobene Gastronomie und in der Brasserie Hausmannskost der besseren Sorte.

Mit dieser Grundlage darf eine Weinprobe ruhig kommen! Das **Weingut Henri Schoenheitz** (1, Rue du Walbach) im Ortskern von Wihr-au-Val hat das Glück der guten Lage. Der steile Hang zwingt ihn zur Handarbeit, und die günstige Ausrichtung nach Süden – viel Sonne,

Blumenschmuck allüberall: Das charmante Eguisheim zählt zu den besonders pittoresken Dörfern

www.marcopolo.de/elsass

# AUSFLÜGE & TOUREN

wenig Regen, milder Wind – erleichtert einen Weinbau mit biologischen Ansprüchen, allerdings ohne Zertifikat. Die Stärken des Guts sind Riesling und Crémant. Vom Sonnendeck des Münstertals führt die D 10 (aufpassen, auch auf dieser Hauptstraße gilt rechts vor links!) nach Turckheim → S. 67 und von dort über die Weinlage Brand zum Zielort Niedermorschwihr, wo Sie am Ortsausgang parken können. Ein Spaziergang (15 Minuten) bietet sich zur Burgruine Wineck in einem Weinberg an. Zum Pflichtprogramm gehört in Niedermorschwihr eine Stippvisite in der Maison Ferber (Mo geschl.), wo die auch international als „Fee der Konfitüren" bekannte Christine Ferber Zepter und Kochlöffel führt bzw. rührt. Bevor die Tour nun à table einen würdigen Abschluss findet, dürfen Sie noch bei Winzer Jean-Marc Mullenbach (13, Rue des Trois Épis) anklopfen; bis 20 Uhr hat er Zeit für eine kleine Weinprobe. Zwei Restaurants bereiten dann die Qual der Wahl: Das Caveau Morakopf (7, Rue des Trois Épis | Tel. 03 89 27 05 10 | So/Mo geschl. | www.caveaumorakopf.fr | €€) hat eine Terrasse, eine sehr gute Weinkarte und glänzt mit einigen Gerichten, auf die sich nicht mehr jede Küche versteht, wie z. B. Kutteln in Rieslingsauce. Im INSIDERTIPP Caveau des Chevaliers de Malte (127, Rue des Trois Épis | Tel. 03 89 27 09 78 | Di und außer So mittags geschl. | www.caveau-chevaliers.fr | €) müssen Sie unbedingt Raymonde Wolffs nach einem alten Familienrezept gekochte warme Fleischpastete probieren.

## 4 GEMÜTLICH AUF DEM RAD DURCH DEN SUNDGAU

Lange Steigungen und ebensolche Gefälle, Wälder und Wiesen, Kühe und Pferde und Dörfer, an denen die Zeit vorbeigegangen ist: Wenn Sie den Sundgau mit dem *vélo* erkunden, entdecken Sie einen vom Tourismus noch kaum berührten Landstrich. Für die rund 40 km lange Tour sollten Sie vier Stunden einplanen.

Mit seiner Infrastruktur – Geschäfte, Gastronomie, Fahrradverleih, Office de Tourisme – ist Ferrette → S. 86 für eine Radtour ideal. Wenn Sie samstags kommen, können Sie sich auf dem kleinen Bauernmarkt mit *bürabrot* (Holzofenbrot) und mehr eindecken. Vor dem ersten Ziel, Bendorf, erwarten Sie eine längere Steigung und eine schöne Sicht auf Burg und Stadt Ferrette. Ab dem Bergsattel schnurren Sie entspannt talwärts. Nach Bendorf radeln Sie zur schrägen Kapelle Warth in Winkel und weiter nach Ligsdorf. Die D 432 wird von Fischweihern und dem Flüsschen Ill begleitet, das in Winkel entspringt.

Von Hippoltskirch queren Sie den Glaserberg, einmal rauf, einmal runter, bis nach Kiffis und fahren weiter über Wolschwiller nach Oltingue. Dort erwarten Sie in der Dorfmitte das sehenswerte Heimatmuseum Musée Paysan (Mitte Juni–Sept. Di, Do und Sa 15–18, So 11–12 und 15–18, Okt.–Mitte Juni So 14–17 Uhr | 2,50 Euro) und der INSIDERTIPP für seine Eiskreationen geliebte Koch Tony Hartmann im L'Oltinguette (Mi–Sa 13–21, So 8–21 Uhr). Erfrischt und gestärkt geht es auf nahezu ebener Strecke durch die hübschen Blumendörfer Fislis und Bouxwiller, bevor die Straße wieder einen Hügel erklimmt.

Zum Abschluss können Sie sich in Ferrette mit den Klassikern *carpe frite* und Flammkuchen stärken – in den Restaurants Collin (4, Rue du Château | Tel. 03 89 40 40 72 | Di-Abend und Mi geschl. | www.hotelcollin.fr | €) und Au Cheval Blanc (3, Rue Léon Lehmann | Tel. 03 89 40 41 30 | Mo geschl. | €) bekommen Sie beides.

# SPORT & AKTIVITÄTEN

Von wegen nur gut essen! Das Elsass straft alle Klischees Lügen. Die Region bietet ihren Gästen eine große Vielfalt an Betätigungsmöglichkeiten: Boule und Ballonfahren, Fahrradsattel und Pferderücken, Querfeldeinlaufen und gepflegtes Golfen auf dem Green. Darum: Bringen Sie nicht nur gute Vorsätze mit, sondern auch passende Kleidung und Sportschuhe! Nach dem Sport schmeckt die *cuisine alsacienne* dann doppelt so gut …

## ANGELN

Im Gegensatz zu Deutschland brauchen Angler keinen Angelschein, es reicht eine *carte de pêche*, erhältlich im Rathaus oder im Internet *(7-Tage-Karte ca. 30 Euro | www.peche67.fr, www.peche68.fr)*.

## BALLONFAHREN, DRACHENFLIEGEN & FALLSCHIRMSPRINGEN

Für die einen ist es eine Mutprobe, für die anderen ein Sport wie jeder andere auch, nur dass man dabei einen etwas anderen Blick auf die Welt wirft: Im Straßburger *Aérodrome du Polygone (Tel. 03 88 84 48 48 | www.alsace-para.com)* lässt sich das Fallschirmspringen lernen – aus 4000 m Höhe. Flüge mit dem Heißluftballon werden im Zentralelsass angeboten, Startort ist im Munstertal *(Tel. 03 89 77 22 81 | www.aerovision-montgolfiere.com)*. Drachenfliegen (auch zu zweit) bietet das *Centre École du Markstein (Tel. 03 89 82 17 16 | www.centreecolemarkstein.com)* an. Und aus dem Hubschrau-

**Wandern oder biken in den Vogesen, paddeln auf der Ill oder im Ried, kochen lernen bei den Meistern: Das Angebot ist riesig**

ber das Land von oben anschauen können Sie bei *Hélitravaux (Tel. 03 89 77 20 28 | www.helitravaux.com)* in Colmar.

### BOULE

Frankreichs Sportart für Nichtsportler kann fast überall gespielt werden. Die Regeln sind kinderleicht: Es gewinnt derjenige, der seine Kugel am nächsten der kleinen Kugel, dem Schweinchen, platziert. Die *boules* bekommt man in jedem Supermarkt oder auch günstig auf Flohmärkten.

### ESSEN & WEIN

Im Elsass können Sie nicht nur das Essen „lernen", sondern auch dessen Zubereitung und die Kunst des Weintrinkens. Ganz auf ihre urbane Kundschaft zugeschnitten sind die Kurse der Straßburger Kochschulen *L'Atelier des Chefs (www.atelierdeschefs.fr)* und *Cuisine Aptitude (www.cuisineaptitude.com),* die je nach Thema in 30 Minuten oder drei Stunden beispielsweise die Zubereitung von Bœuf Stroganoff mit Spätzle lehren. Auch einige Restaurants bieten Kochkurse an, z. B. die *Hostellerie du Rosenmeer* (www.le-rosenmeer.com) in Rosheim und das *Cheval Blanc* (www.au-cheval-blanc.fr) in Lembach. Das Hotelrestaurant *Chez Julien* (www.hoteljulien.com) in Fouday bei Schirmeck lädt dagegen zu „Cuisine Partys" ein, wo man den Köchen bei der Arbeit zuschauen kann. Auch die Meister der Desserts machen aus ihrer Kunst kein Geheimnis. In Sachen Wein ist der Marlenheimer Großwinzer *Arthur Metz* (www.alecoledesvins.fr) eine gefragte Adresse. Er bietet in seiner Weinschule Seminare zu Themen rund um den Wein an.

## FAHRRADFAHREN

Im Vergleich zum übrigen Frankreich ist das Elsass mit seinen grün markierten Radwegen gut auf Radfahrer eingestellt. Außerhalb von Ortschaften müssen Radfahrer bei Dunkelheit eine Warnweste tragen. Mountainbiker (*vélo tout terrain*, abgekürzt VTT) finden in den Vogesen viele Strecken verschiedener Schwierigkeitsgrade, z. B. rund um La Petite-Pierre oder die **INSIDERTIPP** Downhillpiste am Lac Blanc (www.lacblanc-bikepark.com) in den Hochvogesen, die als die schönste und aufregendste gilt. Räder und Helme können Sie dort auch ausleihen. Auch geführte Radtouren mit Übernachtungen werden angeboten (www.bicyclettego.com). Im Trend sind *quad VTT,* vierrädrige Sitzräder, mit denen querfeldein durch die Vogesen geradelt wird. Doch auch der Klassiker Rennrad steht in Frankreich nach wie vor hoch im Kurs.

## GOLF

Zwölf Plätze gibt es im Elsass, der nördlichste ist der deutsch-französische *Golf International Soufflenheim-Baden-Baden* (www.golfclub-soufflenheim.com), der südlichste befindet sich in Lalargue im Sundgau. Rund um Straßburg können Sie auf drei Plätzen einlochen. www.golfsinalsace.com, www.alsacegolf.com

## HAUSBOOTE

Sogenannte *penichettes* werden in Lutzelbourg bei Saverne von *Locaboat* (Tel. 03 87 25 70 15 | www.locaboat.com) angeboten. Eine *penichette* ist das ideale Gefährt, um auf dem Rhein-Marne-Kanal

Ungewöhnliche Perspektiven eröffnet eine Umrundung der Straßburger Altstadt mit dem Kanu

# SPORT & AKTIVITÄTEN

zu entschleunigen. Während der Kapitän lenkt, können Sie auf dem Treidelpfad nebenherradeln oder spazierengehen – schneller fährt das Schiffchen auch nicht. Für das Hausboot braucht es keinen Führerschein.

## KANU & KAJAK

Für Kanuten ist das Elsass so etwas wie das gelobte Land. Im Grand Ried gibt es neben der Ill viele Wasserläufe und Kanäle, ebenso in und um Straßburg (Rhin Tortu), und im Nordelsass können Sie auf Lauter, Moder, Zorn und Saar paddeln. Ausleihstationen befinden sich in *Illhaeusern (Canoës du Ried | Tel. 03 89 73 84 82 | www.canoes-du-ried.com)* und in *Ostwald (Itinérair'Alsace | Rue du Général Leclerc | Tel. 03 88 29 56 62 | www.itinerairalsace.com)*.

## KLETTERN

Das Nahziel für Straßburger Kletterer ist das *Kronthal,* ein ehemaliger Sandsteinbruch zwischen Marlenheim und Wasselonne. Die meisten der 50 Klettergebiete *(www.escalade-alsace.com)* liegen im Naturschutzgebiet der Nordvogesen, einige wenige ganz im Süden. Einen ähnlichen Thrill bieten auch Hochseilgärten wie in Breitenbach *(www.parc-alsace-aventure.com)* und andere, die dank überschaubarer Strecken mit unterschiedlichen Schwierigkeitsgraden auch für Ungeübte machbar sind – Schwindelfreiheit vorausgesetzt.

## LAUFEN & MARATHON

Wie das große Vorbild in Bordeaux ist auch der *Marathon du Vignoble d'Alsace* (Elsässer Weinbergmarathon, *www.marathon-alsace.com*) Anfang Juni eine lustige Sache: An den Start geht man kostümiert als Obelix oder Elvis oder Biene Maja (oder was auch immer); während des Laufs gilt es, zwölf Stationen mit Wein und kulinarischen Spezialitäten zu überstehen. Wesentlich härter ist dagegen der *Querfeldeinlauf (www.lesvosgirunners.com)* in Niederbronn-les-Bains, der aus einem Frauenlauftreff entstand. Die Läufe finden im April und September über mehrere Distanzen statt (72, 53 und 25 km), Zielorte sind die umliegenden Burgen und Berge. Auch der *Triathlon (www.triathlon-obernai.com)* in Obernai Ende Mai/Anfang Juni verdient das Prädikat Herausforderung. Daneben gibt es auch etliche „normale" Läufe.

## REITEN

Über die ganze Region sind Pferdehöfe *(ferme équestre)* verteilt sowie Wege, die eigens für Reiter ausgewiesen sind. Verschiedene Veranstalter bieten zudem organisierte Ausritte an. *www.chevalsace.com*

## WANDERN

Wandern im Elsass ist untrennbar mit dem *Vogesenclub (www.club-vosgien.eu)* verbunden, der fast jedes Wochenende Wanderungen veranstaltet, von 5-km- bis zu 30-km- oder 24-Stunden-Märschen. Im Vergleich zu Restfrankreich sind die 20 000 km Wanderwege vorbildlich ausgeschildert. Zudem führen der Jakobsweg *(www.saint-jacques-alsace.org)* und der Fernwanderweg GR 5 *(www.gr-infos.com/gr5d.htm)* durchs Elsass. Nordic-Walking-Stöcke werden oftmals vom Office de Tourisme verliehen. Wer gemütlich mehrere Tage am Stück von Hotel zu Hotel wandern möchte, kann das im Tal von Kaysersberg tun. Der Gepäcktransport wird von den Hoteliers übernommen *(www.horizons-alsace.com)*.

# MIT KINDERN UNTERWEGS

**In einem Land mit 1001 Burg kann es für Kinder nicht langweilig werden. Wilde Natur und alte Gemäuer machen aus dem Elsass ein Abenteuerland. Parks gehören eh zur französischen Tradition, und in den meisten Städten finden sich auch phantasievoll gestaltete Spielplätze.** Bei den Gaststätten ist nicht alles vorbildlich, ein Wickeltisch ist oft unbekannt. Und seltsamerweise versagt Frankreichs Kochkunst. Warum müssen Kinder Burger essen? Zur Not gibt es eben Spätzle für *les kids* – und der Tag ist gerettet.

## NORDELSASS

**BURG FLECKENSTEIN** (120 C2) (*F2*)
Immer noch Ruine, aber seit der Renovierung in den Neunzigerjahren kindersicher. Schon von ihrer äußeren Gestalt ist die alte Stauferburg purer Abenteuerstoff. Ihre Mauern ragen spitz wie Nadeln in den Himmel, und sie sitzt wie von Riesenhand hingesetzt auf einem Felsblock. Weitere Angebote sind die Erlebnisausstellung *P'tit Fleck* zum spielerischen Erkunden der Themen Wald und Sandstein sowie eine rund dreistündige Rallye zum Thema Ritter und Mittelalter. Gleich nebenan finden Sie eine Picknickstelle und ein Restaurant mit Terrasse, wo es auch 🌱 Bioapfelsaft aus der Region gibt. *Juli/Aug. tgl. 10–18, Mitte März–Juni und Sept./Okt. 10–17.30, Weihnachten–Mitte März So 12–16 Uhr (nicht bei Glatteis oder Schnee) | 3 Euro, Kinder 2,50 Euro, P'tit Fleck 4,50/4 Euro, Rallye 9,50/8 Euro | www.fleckenstein.fr*

## Langeweile Fehlanzeige: Im Elsass warten mittelalterliche Burgen, Storchenparks und auch für Kinder spannende Museen

### DIDILAND (120 C3) (*M* F3)

Drachenschiffe, Piratenboote, Autoskooter, Achterbahn, Karussell, Kugelbad ... Der Freizeitpark in der Nähe von Haguenau mit dem Eichhörnchen „Didi" hat Fahrgeschäfte und Sensationen für Kinder. Denken Sie eventuell an Wechselkleidung, da hier etliche Wasserbahnen in Betrieb sind! *1, Route de Gunstett | Morsbronn-les-Bains | Ostern–Sept., stark variierende Zeiten, Juli/Aug. tgl. 10–18 Uhr | 18 Euro, Kinder 17 Euro | www.didiland.fr*

### INSIDER TIPP ▶ TIERPARK SAINTE-CROIX
(118 B5) (*M* A4)

Der Park Sainte-Croix in Rhodes entstand aus der Idee, Kindern vom Land wieder die ursprüngliche Tierwelt näherzubringen. Der Tierpark hat nicht nur einen Streichelzoo und einen kleinen Bauernhof, sondern auch viele Wildtiere in sehr großen Freigehegen: Hier leben Wölfe, Bären und Hirsche. Ein Hochseilgarten ist in der Nähe. *Route de Rhodes | Juli/Aug. tgl. 10–19, April–Juni und Sept.–Mitte Nov. 10–18 Uhr | 18,50 Euro, Kinder 17 Euro, un-*

ter 12 Jahren 13,50 Euro | www.parcsainte croix.com

## STRASSBURG

### INSIDER TIPP ORANGERIE
(U F1–2) (*m f1–2*)

Straßburgs größter Park liegt im Europaviertel und hat Platz für vieles: flanieren, Eis schlecken, joggen, Tischtennis spielen, skaten und rudern. Wer Tiere mag, wird sich freuen über Streichelzoo und Minizoo mit einem Luchs. Auf den Bäumen nisten und klappern Störche, und im See schwimmen Schildkröten, die vor Jahren hier ausgesetzt wurden. *Avenue de l'Europe*

### LE VAISSEAU (U F6) (*m f6*)

Eine riesengroße Bauecke, ein Modell für Bewässerungen, ein Ameisenbau, ein Fernsehstudio, ein großes Außengelände zum Spielen und vieles mehr: Das Wissenschaftsmuseum für Kinder hat eine unglaubliche Vielfalt im Programm, welche die Kinder und ihre praktischen Fähigkeiten anspricht. Im Speisesaal darf auch das mitgebrachte Picknick verzehrt werden. *1 bis, Rue Philippe Dollinger | Di–So 10–18 Uhr | 8 Euro, Sa 6 Euro, Kinder 7 Euro, tgl. nach 16.30 Uhr 3 Euro | www.levaisseau.com*

## COLMAR & WEINSTRASSE

### BARFUSSPFAD AM LAC BLANC
(124 B2) (*m B10*)

Ein Erlebnis, das hoffentlich nur sensorisch unter die Haut geht, bietet der 1,2 km lange Barfußpfad, der Füßen das echte Naturfeeling gibt. Der Weg führt über Sand, Kies, Steine, Holz, Rinde, Tannenzapfen ... *Mai/Juni und Sept. Mi und Sa 13–16.30, So 10–16.30, Juli/Aug. tgl. 10–17 Uhr | 5 Euro, Kinder 3,50 Euro | www.sentier-pieds-nus-lac-blanc.com*

### INSIDER TIPP ESELWANDERUNG
(123 D1–2) (*m D6*)

Zwei Esel, ausreichend Proviant und eine Landkarte ... Das Abenteuer kann kommen! Am Wochenende vermietet Dominique Trappler aus Marlenheim nach Anmeldung seine beiden Esel an Familien und Abenteuerlustige. Die zwei- bis dreistündige Wanderung geht von den Weinbergen in die Wiesen und Wälder und wieder retour – natürlich mit Picknick. Kleine Kinder dürfen auch auf den Eseln reiten. Für alle Fälle ist Dominique Trappler immer über Handy zu erreichen. *Dominique Trappler | 25, Rue du Vignoble | Marlenheim | Tel. 06 10 22 38 06 | 15 Euro/Pers.*

### INSIDER TIPP LA FERME DES TUILERIES
(123 E–F5) (*m F8*)

Ein Baggersee, fünf Rutschen und 130 m Sandstrand: Die Ferme des Tuileries in Rhinau ist zwar ein Campingplatz, kann aber auch als Badesee genutzt werden – mit Spielplatz, Boule, Fitnessanlage, Duschen und Wickeltisch. Abends kommt der Patron mit seinem Wägelchen auf den Platz und verkauft Apfelsaft frisch aus der Presse. *2 Euro, Kinder 1,50 Euro | www.fermedestuileries.com*

### HAUT-KŒNIGSBOURG
(125 D1) (*m D9*)

Hier gibt es Ritterrüstungen, Schwerter, Kanonen und einen Drachen. Zu Recht gilt die Hohkönigsburg als die schönste im Rheintal. Zur Ritterburg gesellen sich noch eine Greifvogelwarte und der Affenberg. Vom Bahnhof Sélestat fahren von Mitte Juni bis Mitte September täglich Busse *(4 Euro, Kinder 2 Euro)* auf die Burg. *Juni–Aug. tgl. 9.15–18, April, Mai und Sept. 9.15–17.15, März und Okt. 9.30–17, Nov.–Feb. 9.30–12 und 13–16.30 Uhr | 8 Euro, bis 18 Jahre frei | www.haut-koenigsbourg.fr*

# MIT KINDERN UNTERWEGS

### MUR PAÏEN (122 C4) (*m* D7)
Ob es sich um eine keltische Kultstätte oder eine Fluchtburg vor den Germanen handelt, ist bis heute ungeklärt. Die sogenannte Heidenmauer führt 8 km lang um den Mont Sainte-Odile herum und hat etliche schöne Stellen zum Klettern, Versteckspielen und fürs Picknick und eignet sich daher besonders gut für eine Wanderung mit Kindern. Zwei Stunden reine Gehzeit sollten Sie mindestens einplanen. Und denken Sie an festes Schuhwerk und ein Fernglas! *www.mont-sainte-odile.fr*

### STORCHENZENTRUM HUNAWIHR (125 D2) (*m* C9)
Der elsässische Feldhamster wäre schon längst ausgestorben, wenn es Plätze wie das Centre de Réintroduction in Hunawihr nicht gäbe, die Aufzuchtstation für Störche, Hamster und andere Tiere. Jeden Nachmittag Fütterung sowie weitere Animationen und Angebote. *Route des Vins | April, Mai und Sept. Mo–Fr 10.30–12.30 und 14–17.30, Sa/So 10.30–18.30, Juni/Juli tgl. 10–18.30, Aug. tgl. 10–19, Okt. Mo–Fr 14–17.30, Sa/So 10–12.30 und 14–18.30 Uhr | 9 Euro, Kinder 8/6 Euro, unter 5 Jahren frei | www.cigogne-loutre.com*

## MULHOUSE & DER SÜDEN

### ÉLECTROPOLIS (127 D2) (*m* C13)
Nicht nur anschauen, sondern auch selbst experimentieren! Das Elektrizitätsmuseum in Mulhouse erklärt die Geschichte des elektrischen Stroms von der Antike bis heute. Das Herzstück des Museums ist das immer noch funktionstüchtige, 170 t schwere Stromaggregat „Sulzer-BBC" aus dem Jahr 1901. Wenn den Besuchern am Schluss die Haare zu Berg stehen, dann liegt das an einem physikalischen Phänomen. *55, Rue du Pâturage | Di–So 10–18 Uhr | 8 Euro, Kinder 4 Euro | www.musees-mulhouse.fr*

Das Électropolis in Mulhouse Olässt auch dem Coolsten die Haare zu Berge stehen

# EVENTS, FESTE & MEHR

## FEIERTAGE

1. Jan., Karfreitag, Ostermontag, 1. Mai, 8. Mai *(Waffenstillstand 1945)*, **Christi Himmelfahrt, Pfingstmontag, 14. Juli** *(Nationalfeiertag)*, **15. Aug., 1. Nov., 11. Nov.** *(Waffenstillstand 1918)* **25./26. Dez.**

## FESTE & VERANSTALTUNGEN

### FEBRUAR
Im Februar atmet das Weißweinland Elsass auf, denn Frankreichs unabhängige Winzer laden zu Straßburgs größter Weinmesse, dem ▶ INSIDER TIPP *Salon des Vins des Vignerons Indépendants* ein. Endlich Rotwein!

### FEBRUAR/MÄRZ
Auch das Elsass feiert ▶ *Fasnacht.* Schiltigheim, Hœrdt und Brumath im Norden und die Gegend um Mulhouse sind die Epizentren des Narrentums.

### MAI
▶ *Ökomesse* in Rouffach: Apfelsaft oder Cidre, Wurst oder Käse, Bier oder Wein? Wie vielfältig die Elsässer Bioszene ist, zeigt diese appetitliche Leistungsschau.
▶ *Festival Humour des Notes* in Haguenau: Humor für alle. Dieser Klassiker fin im Theater und auf der Straße statt – umsonst und draußen.

### CHRISTI HIMMELFAHRT
Die kleine, aber feine Weinmesse ▶ *Foire aux Vins* in Guebwiller ist ein Highlight.

### JUNI
Für das Straßburger ▶ INSIDER TIPP *Festival Premières* am Monatsanfang bekommt das junge europäische Theater eine Bühne – oder besser gesagt zwei – im Théâtre National de Strasbourg und im Le Maillon.
Ganz Frankreich steht am 21. Juni im Zeichen der Musik bei der ▶ ● *Fête de la Musique* mit Gratiskonzerten in allen größeren Städten.
Rund um die Sommersonnenwende am 21. entzünden viele Gemeinden ein ▶ *Johannisfeuer (Feu de la Saint Jean).*
Ende des Monats rollen beim ▶ *Festival Automobile* in Mulhouse Bugatti & Co. über die Straße.

### JULI
Anfang Juli pilgert das Elsass der Klassikliebhaber zum ▶ *Festival International de Musique Classique* nach Colmar.
Am ▶ *Nationalfeiertag* feiert sich *La Grande Nation* mit Feuerwerk und Paraden.

www.marcopolo.de/elsass

## Weinmessen und Weihnachtsmärkte, Bierfest und Ökomessen: Auch beim Feiern stehen leibliche Genüsse obenan

Seebach begeht in der Monatsmitte die ▶ *Streisselhochzeit:* Hier lässt man „die gute alte Zeit" als Volksfest aufleben.

### AUGUST

Anfang des Monats hört Schiltigheim Blasmusik beim Bierfest ▶ *Fête de la Bière.* Die große Weinmesse ▶ *Foire aux Vins Colmar* am Monatsanfang lockt auch mit Konzerten von Chanson bis Rock.
▶ ● *Corso Fleuri,* Blumenkorso, am zweiten Wochenende in Sélestat.
Idyllisch ist das ▶ INSIDER TIPP *Jazzfestival Au Grès du Jazz* in La Petite-Pierre. Marlenheim lässt es Mitte des Monats bei ▶ *Le Mariage de l'Ami Fritz* so richtig krachen: Endlich kommt der ewige Junggeselle „Fritz" unter die Haube!
Am dritten Sonntag findet in Wasselonne ein riesiger ▶ INSIDER TIPP *Marché aux Puces* (Flohmarkt) statt.

### ENDE AUGUST/ANFANG SEPTEMBER

Beim ▶ *Festival de Musique* spielt die (klassische) Musik in Wissembourg.

### SEPTEMBER

Bis Monatsmitte findet übers ganze Elsass hinweg das ▶ *Festival Voix & Route Romane* statt, eine Entdeckungsreise ins Mittelalter und zur sogenannten Alten Musik. www.voix-romane.com
In der Monatsmitte wird Straßburg beim ▶ *Festival Européen du Film Fantastique* zum Treffpunkt der Cineasten und Obernai anlässlich der Öko-Landwirtschaftsmesse ▶ ☘ *BioObernai* zum Biomekka.
Beim Mittelalterfest ▶ ★ *Pfifferdaj (Fête des Ménétriers)* am ersten Septemberwochenende füllt sich Ribeauvillé mit Spielleuten, Akrobaten, Gauklern und Tausenden Gästen.

### DEZEMBER

Das Elsass verwandelt sich zum Weihnachtsland. Schöne – und oft sehr überlaufene – ▶ *Weihnachtsmärkte* sind u. a. in Straßburg, Kaysersberg, Eguisheim, Colmar und Dachstein.
In Saint-Jean-Saverne ▶ *Fackelumzug* am 26. auf den Mont Saint-Michel.

# ICH WAR SCHON DA!

**Drei User aus der MARCO POLO Community verraten ihre Lieblingsplätze und ihre schönsten Erlebnisse**

## BURGRUINE HAGENECK

Die Burgruine Hageneck ist ein Ort der Ruhe und Besinnlichkeit. Unsere Wanderung dorthin begannen wir in der Nähe des Rathauses im Dörfchen Wettolsheim. An Weinbergen vorbei ging es auf die bewaldeten Hänge zu. Der Weg war nicht allzu anstrengend. Das galt auch für den anschließenden Fußmarsch durch dichten Wald, wo sich uns plötzlich auf einem Hügel die Burgruine offenbarte. Der idyllische Ort lud zu einem Picknick ein. Eine moderne Wendeltreppe erlaubte die Ersteigung des Donjons. Oben angekommen, hatten wir schließlich einen herrlichen Ausblick auf die Rheinebene. **Karl-Heinz aus Augsburg**

## FROSCHSCHENKEL UND BEILAGE

Jedes Jahr im Juli sind im kleinen Ort Herrlisheim die Frösche die Stars. Diese könnten auf diesen Ruhm vermutlich verzichten – sie landen nämlich auf dem Teller. Auf der *Fête de la Grenouille* wurden uns zu Volksmusik und Teigwaren Baguette und Froschschenkel gereicht. Ein einmaliges Erlebnis mit toller Atmosphäre! **Biggi aus Neustrelitz**

## SCHÖNE GASSE IN EGUISHEIM

Eguisheim gehört zu den schönsten Dörfern Frankreichs. Der Ort begeisterte uns mit malerischen Gassen und bunten Fachwerkhäusern. Über den Dächern zogen Störche ihre Kreise. Besonders sehenswert war das Zentrum des kreisförmig angelegten Dorfs mit seiner ehemaligen Wasserburg. **Edwin aus Recklinghausen**

Haben auch Sie etwas Besonderes erlebt oder einen Lieblingsplatz gefunden, den nicht jeder kennt? Gehen Sie einfach auf www.marcopolo.de/mein-tipp

# EIGENE NOTIZEN

# LINKS, BLOGS, APPS & MORE

**LINKS**

▶ www.koogel.fr Die elsässische Antwort auf Google ist auf landestypische Themen spezialisiert. Die Ergebnisse der Suchmaschine sind meist auf Französisch

▶ www.archi-strasbourg.org Die private Website informiert auf Französisch und Englisch über Straßburgs facettenreiche Baukultur

▶ www.sammle.org Website, die elsässische Traditionen, Kulturgut und Bräuche sammelt, damit sie nicht in Vergessenheit geraten: alte Lieder, Gedichte, Tänze, Sagen und Legenden ...

▶ www.olcalsace.org Das umtriebige Straßburger Sprochàmt ist selbstverständlich ebenfalls *en ligne* und bietet dort u. a. Lexika im PDF-Format zu Themen wie Fußball, Wein oder *Kommissione machè* – also einkaufen

▶ www.marcopolo.de/elsass Alles auf einen Blick: interaktive Karten inklusive Planungsfunktion, Impressionen aus der Community, aktuelle News und Angebote ...

**BLOGS & FOREN**

▶ cathetoiles.free.fr Dieser Blog einer elsässischen Hobbyköchin ist ein Genuss – wenn Sie ihn nicht mit leerem Magen anklicken

▶ blog.dreikaus.com Die elsässische Kabarettistin Huguette Dreikaus textet mit Fleiß (meist auf Französisch, manchmal auf Deutsch) über Gott und die Welt und natürlich die Heimat

▶ www.badische-zeitung.de/grenzgaenger In einem ungewohnten deutsch-französischen Sprachmischmasch bloggt Journalist und Kabarettist Martin Graff über elsässische und französische Befindlichkeiten

▶ www.martineschnoering.com Auf ihrem Blog lässt Martine Schnoering alle Welt an ihren Abenteuern in den Vogesen und anderswo in den Bergen teilnehmen

Egal, ob Sie sich auf Ihre Reise vorbereiten oder vor Ort sind: Mit diesen Adressen finden Sie noch mehr Informationen, Videos und Netzwerke, die Ihren Urlaub bereichern. Da manche Adressen extrem lang sind, führt Sie der kürzere short.travel.de-Code direkt auf die beschriebenen Websites

**APPS**

▶ StrasMap Staumeldungen, Fahrradverleih, Routenplaner, Adressenfinder und vielerlei Nützliches mehr bringt diese App der Stadt Straßburg aufs Smartphone, egal ob im Android- oder im iPhone-Format

▶ Radio Dreyeckland Kochrezepte und Radarwarnungen, Witze im Dialekt und Schlager, Chansons und Evergreens bietet diese App des gleichnamigen Radiosenders aus dem Dreiländereck

▶ iYo Das Elsässische Sprochàmt in Straßburg hat diese Dialekt-App entwickeln lassen. Lernen Sie flotte Sprüche wie *s'isch total bombisch* („Es ist toll") oder *i han en am Buckel* („ich bin betrunken")! Im Elsass wurde die App schon tausendfach aufs Handy geladen

**VIDEOS & STREAMS**

▶ short.travel/els2 Website, die von elsässischen Kletterfreaks mit Filmen über ihre Abenteuer im Elsass bestückt wird

▶ www.strastv.com Immer aktuell berichtet Strasbourg TV auf Französisch über Politik, Kultur und Sport aus Straßburg und dem Elsass

▶ short.travel/els3 Auf der Website des Fernsehsenders France 3 finden sich nicht nur viele Filme und Berichte rund um das Elsass, sondern auch das Videoformat Bàbbel Plàtz – eine regelmäßige Talkshow zu aktuellen Themen auf Elsässerdeutsch

**NETWORK**

▶ short.travel/els1 Straßburger Unterseite einer frankreichweiten Website, um Menschen zu treffen, mit denen man die Freizeit verbringen will – z. B. für Kino, Konzerte, Theater

▶ www.twitter.com/gillespudlowski Lassen Sie sich vom Elsässer Küchenpapst zwitschern, wo es ihm geschmeckt hat

▶ www.facebook.com/tomiungerer Alter schützt vor Facebook nicht: Auch das 1931 geborene Elsässer Allroundgenie versorgt seine Fans auf diesem Weg mit News

# PRAKTISCHE HINWEISE

## ANREISE

Für Straßburg bieten sich die Grenzübergänge Kehl (A 5, Ausfahrt Appenweier) sowie etwas weiter südlich über den Pont Pflimlin (A 5, Ausfahrt Offenburg) an, für Mulhouse der direkte Autobahnanschluss über das Autobahndreieck Neuenburg an die A 5. Kleinere Grenzübergänge sind die Fähren Kappel–Rhinau und Greffern–Drusenheim sowie bei Lauterbourg auf die französische A 35. Wissembourg erreicht man auch über die A 65 (Landau) und B 38 (Bad Bergzabern), das Nordwestelsass auch über die A 6 bei Saarbrücken.

Straßburg ist der zentrale Bahnhof für Züge aus Deutschland, die via Offenburg fahren. Von dort verkehrt auch die Ortenau-S-Bahn *(www.ortenau-s-bahn.de)* nach Straßburg. Wissembourg ist durch den Verkehrsverbund Rhein-Neckar und den Karlsruher Verkehrsverbund ans deutsche Bahnnetz angeschlossen. Mulhouse und Colmar sind nur über Straßburg bzw. Basel zu erreichen. In den Nahverkehrszügen TER *(www.ter-sncf.com/Alsace)* ist die Fahrradmitnahme erlaubt. *www.bahn.de, www.tgv-europe.de*

 Der Straßburger Flughafen Entzheim *(www.strasbourg.aeroport.fr)* wird aus Deutschland nicht angeflogen. Zum Euro-Airport Basel-Mulhouse-Freiburg *(www.euroairport.com)* bestehen Flüge von Berlin, Düsseldorf, Dresden, Frankfurt, Hamburg und München. Eine Alternative ist der Flughafen Karlsruhe/Baden-Baden *(www.baden-airpark.de)*, der von Berlin und Hamburg angeflogen wird. Von hier verkehrt eine Buslinie zu umliegenden Bahnhöfen sowie abends ein Shuttledienst *(alsace-navette.com)* nach Straßburg.

## GRÜN & FAIR REISEN

Auf Reisen können auch Sie mit einfachen Mitteln viel bewirken. Behalten Sie nicht nur die $CO_2$-Bilanz für Hin- und Rückflug im Hinterkopf *(www.atmosfair.de)*, sondern achten und schützen Sie auch nachhaltig Natur und Kultur im Reiseland *(www.gate-tourismus.de; www.zukunft-reisen.de; www.ecotrans.de)*. Gerade als Tourist ist es wichtig, auf Aspekte zu achten wie Naturschutz *(www.nabu.de; www.wwf.de)*, regionale Produkte, Fahrradfahren (statt Autofahren), Wassersparen und vieles mehr. Wenn Sie mehr über ökologischen Tourismus erfahren wollen: Europaweit *www.oete.de*; weltweit *www.germanwatch.org*

## AUSKUNFT

**ATOUT FRANCE – FRANZÖSISCHE ZENTRALE FÜR TOURISMUS**
*– Postfach 10 01 28 | 60001 Frankfurt | Fax 069 74 55 56*
*– Rennweg 42 | 8021 Zürich | Tel. 04 42 17 46 11*
*– Tuchlauben 18/12 | 1010 Wien | Tel. 01 5 03 28 92*
*– www.rendezvousenfrance.com*

**TOURISME ALSACE**
*20 a, Rue Berthe Molly | 68000 Colmar | Tel. 03 89 24 73 50 | www.tourisme-alsace.com*

# Von Anreise bis Zoll

**Urlaub von Anfang bis Ende: die wichtigsten Adressen und Informationen für Ihre Elsassreise**

### AGENCE DE DÉVELOPPEMENT TOURISTIQUE DU BAS-RHIN
*4, Rue Bartisch | 67100 Strasbourg | Tel. 03 88 15 45 88 | www.tourisme67.com*

### ASSOCIATION DÉPARTEMENTALE DU TOURISME DU HAUT-RHIN
*1, Rue Schlumberger | 68006 Colmar Cedex | Tel. 03 89 20 10 68 | www.haute-alsacetourisme.com*

### WEBSITES
Im Internet finden Sie Informationen z. B. auf den touristischen Portalen *alsace-passion.com* und *www.alsace-info.com. www.tourisme-alsace.com* listet Unterkünfte, Feste und Gastronomiebetriebe auf und hält Broschüren als PDF zum Download bereit. Daneben gibt es viele private Websites wie die von einer deutschen Journalistin vorbildlich gepflegte Site *www.elsass.ws* oder die weinselige Website *www.alsace-terroir.com.*

## AUTO

Auf Frankreichs Autobahnen gilt ein Tempolimit von 130 (bei Regen 110) km/h, auf Landstraßen 90, teilweise 110, in Ortschaften 50 km/h. Die Promillegrenze liegt bei 0,5, und Fahrer sind zum Mitführen eines Atemalkoholmessgeräts verpflichtet, die es für ca. 1 Euro in Tankstellen, Supermärkten etc. gibt. Der Pannendienst Alsace Dépannage *(www.alsace-depannage.fr)* ist über *Tel. 03 89 67 50 50* und *03 89 31 00 00* erreichbar. Die Spritpreise sind ähnlich wie in Deutschland, am günstigsten tankt man an den Tankstellen der großen *hypermarchés.* Der größte Teil des Autobahnen im Elsass ist anders als im übrigen Frankreich mautfrei. Viele Höhen- und Kammstraßen sind im Winter und Frühjahr gesperrt. Große Städte haben Parkhäuser und Park-& Ride-Plätze, mittelgroße Städte wie Sélestat auch zentrale Gratisparkplätze. Faustregel: Je näher am Zentrum Sie parken, desto teurer sind die Gebühren. Parkuhren akzeptieren auch Kreditkarten.

## WAS KOSTET WIE VIEL?

| | |
|---|---|
| **Kaffee** | 1,50–2 Euro *für eine Tasse Espresso* |
| **Bootsfahrt** | um 7 Euro *für eine 45-minütige Rundfahrt in Straßburg* |
| **Wein** | 2,50–4 Euro *für 0,25 l Riesling* |
| **Souvenir** | ab 10 Euro *für typische Töpferwaren aus Steingut* |
| **Imbiss** | 3–4 Euro *für ein Baguette-Sandwich* |
| **Brot** | 80 Cent–1,20 Euro *für ein Baguette* |

## DIPLOMATISCHE VERTRETUNGEN

### DEUTSCHES KONSULAT
*6, Quai Mullenheim | Straßburg | Tel. 03 88 24 67 00 | www.strassburg.diplo.de*

### ÖSTERREICHISCHES KONSULAT
*29, Avenue de la Paix | Straßburg | Tel. 03 88 35 13 94 | www.bmeia.gv.at*

### SCHWEIZER KONSULAT
*23, Rue Herder | Straßburg | Tel. 03 88 35 00 70 | www.eda.admin.ch*

### EINREISE

Personalausweis genügt, Grenzkontrollen finden aber nur ausnahmsweise statt.

### GELD & KREDITKARTEN

Sehr verbreitet sind Kreditkarten, die in Frankreich auch schon für Kleinstbeträge benutzt werden. Geldautomaten sind flächendeckend vorhanden. Im Südelsass werden oft auch Schweizer Franken akzeptiert.

### GESUNDHEIT

Mit der Europäischen Krankenversicherungskarte EHIC ist die Behandlung im Krankenhaus gratis, nicht aber bei niedergelassenen Ärzten, für die es eine Auslandskrankenversicherung braucht, sofern Ihre Versicherung deren Kosten nicht erstattet.

### KLIMA & REISEZEIT

Vom regenreicheren Sundgau abgesehen, gehört das im Windschatten der Vogesen gelegene Elsass zu den trockensten Regionen Frankreichs. Frühling und Herbst sind mild, während der Sommer in der Rheinebene manchmal sehr heiß und schwül wird. In den Vogesen ist es kühler, dort gibt es auch schnelle Wetterwechsel und Gewitter. Inversionswetterlagen sorgen im Herbst und Winter häufig für Sonne auf der Höhe und Nebel in der Ebene. *france.meteofrance.com*

### MIETWAGEN

Ein Preisvergleich lohnt sich, da sich die Verleiher mit Wochenend-, Mehrtages- und Bahn-Kombi-Angeboten Konkurrenz machen. Je nach Saison müssen Sie für einen Mittelklassewagen um 100 Euro

## WETTER IN STRASSBURG

| | Jan. | Feb. | März | April | Mai | Juni | Juli | Aug. | Sept. | Okt. | Nov. | Dez. |
|---|---|---|---|---|---|---|---|---|---|---|---|---|
| **Tagestemperaturen in °C** | 3 | 5 | 11 | 16 | 20 | 23 | 25 | 24 | 21 | 14 | 8 | 4 |
| **Nachttemperaturen in °C** | -2 | -2 | 1 | 4 | 8 | 12 | 13 | 13 | 10 | 6 | 2 | -1 |
| **Sonnenschein Stunden/Tag** | 2 | 2 | 5 | 6 | 7 | 7 | 7 | 7 | 6 | 4 | 2 | 1 |
| **Niederschlag Tage/Monat** | 15 | 13 | 12 | 13 | 13 | 14 | 14 | 13 | 12 | 12 | 13 | 14 |

# PRAKTISCHE HINWEISE

pro Tag rechnen. In der Regel ist es günstiger, wenn Sie bereits vor der Reise übers Internet buchen.

## MUSEUMSPÄSSE

Günstig in Museen kommen Sie in Straßburg mit dem im Office de Tourisme erhältlichen Strasbourg Pass *(14 Euro/3 Tage)* und im ganzen Elsass mit dem Oberrheinischen Museumspass *(26 Euro/2 Tage | www.museumspass.com)*.

## NOTRUF

Notarzt: *Tel. 15;* Polizei: *Tel. 17;* Feuerwehr: *Tel. 18*

## ÖFFENTLICHE VERKEHRSMITTEL

Das Netz des öffentlichen Nahverkehrs ist durch Busse und Züge bzw. die Tram eng geknüpft. Bei Vialsace (www.vialsace.eu) können Sie preiswerte Tages-, Streckenund Regionentickets kaufen und Fahrradstrecken berechnen. Infos zu Fahrzeiten, Fahrkarten, Sonderangeboten etc. der französischen Bahn finden Sie auf *www.sncf.com* und *www.tgv-europe.de.* Die zentrale Auskunftsnummer der Bahn fürs Elsass ist *Tel. (\*) 08 92 35 35 35.*

## ÖFFNUNGSZEITEN

Etliche Geschäfte haben in der Mittagszeit geschlossen. Supermärkte sind durchgehend meist bis 20 Uhr geöffnet.

## POST

Briefmarken sind bei der Post und in Tabakgeschäften sowie dort erhältlich, wo es auch Postkarten gibt. Ein Standardbrief bzw. eine Postkarte in die EU oder die Schweiz kostet 77 Cent.

## STROM

Die Netzspannung beträgt 220 Volt. Deutsche Stecker passen nicht überall – nehmen Sie einen Adapter mit.

## TELEFON & HANDY

Wer Roaminggebühren sparen will, braucht eine Telefonkarte *(télécarte)* für ein öffentliches Telefon *(téléphone public)*. Diese gibt es zu 7,50 und 15 Euro bei der Post und in Tabakläden. Vorwahlen: Deutschland *0049,* Österreich *0043,* Schweiz *0041,* Frankreich *0033.* Innerhalb Frankreichs gibt es keine Vorwahlen, bei Anrufen aus dem Ausland müssen Sie aber die Null am Beginn der zehnstelligen Nummer weglassen.

## TRINKGELD

Üblich ist ein Trinkgeld in Höhe von fünf bis zehn Prozent – natürlich nur, wenn Sie mit dem Service zufrieden waren.

## UNTERKUNFT

Für Frankreich typisch ist das große Angebot an Campingplätzen *(www.tourisme-alsace.com/fr/campings, www.campingfrance.com)*. Günstige Hotelalternativen sind *gîtes ruraux* genannte Ferienwohnungen und -häuser *(www.gites-de-france-alsace.com)* und *chambres d'hôtes* (Gästezimmer). Jugendherbergen gibt es in Colmar, Lautenbach, Mulhouse, Saverne und Straßburg *(www.fuaj.org)*.

## ZOLL

In der EU darf man Waren zum privaten Gebrauch unbeschränkt ein- und ausführen. Richtwerte: 800 Zigaretten, 90 l Wein, 10 l Spirituosen. Die Schweiz erlaubt 2 l Wein, 1 l Spirituosen und 200 Zigaretten.

# SPRACHFÜHRER FRANZÖSISCH

## AUSSPRACHE

Zur Erleichterung der Aussprache sind alle französischen Wörter mit einer einfachen Aussprache in eckigen Klammern versehen.

### AUF EINEN BLICK

| | |
|---|---|
| ja/nein/vielleicht | oui [ui]/non [nong]/peut-être [pöhtätr] |
| bitte/danke | s'il vous plaît [ßil wu plä]/merci [märßih] |
| Gute(n) Morgen!/Tag!/Abend!/Nacht! | Bonjour! [bongschuhr]/Bonjour! [bongschuhr]/Bonsoir! [bongßoar]/Bonne nuit! [bonn nüi] |
| Hallo!/Auf Wiedersehen!/Tschüss! | Salut! [ßalü]/Au revoir! [o rövoar]/Salut! [ßalü] |
| Entschuldigung! | Pardon! [pardong] |
| Ich heiße ... | Je m'appelle ... [schö mapäll ...] |
| Ich komme aus ... | Je suis de ... [schö süi dö ...] |
| Darf ich ...? | Puis-je ...? [püi schö ...] |
| Wie bitte? | Comment? [kommang] |
| Ich möchte .../Haben Sie? | Je voudrais ... [schö wudrä]/Avez-vous? [aweh wu] |
| Wie viel kostet ...? | Combien coûte ...? [kombjäng kuht ...?] |
| Das gefällt mir (nicht). | Ça (ne) me plaît (pas). [ßa (nö) mö plä (pa)] |
| gut/schlecht/kaputt | bon [bong]/mauvais [mowä]/cassé [kaßeh] |
| zu viel/viel/wenig | trop [troh]/beaucoup [bokuh]/peu [pöh] |
| alles/nichts | tout [tuh]/rien [riäng] |
| Hilfe!/Achtung! | Au secours! [o ßökuhr/Attention! [attangßjong] |
| Polizei/Feuerwehr/Krankenwagen | police [poliß]/pompiers [pompieh]/ambulance [ambülangß] |

### DATUMS- & ZEITANGABEN

| | |
|---|---|
| Montag/Dienstag | lundi [längdi]/mardi [mardi] |
| Mittwoch/Donnerstag | mercredi [märcrödi]/jeudi [schödi] |
| Freitag/Samstag/Sonntag | vendredi [vangdrödi]/samedi [ßamdi]/dimanche [dimangsch] |
| Werktag/Feiertag | jour ouvrable [schur uwrabl]/jour férié [schur ferieh] |
| heute/morgen/gestern | aujourd'hui [oschurdüi] /demain [dömäng]/hier [jähr] |
| Stunde/Minute | heure [öhr]/minute [minüt] |
| Tag/Nacht/Woche | jour [schur]/nuit [nüi]/semaine [ßömän] |
| Monat/Jahr | mois [moa]/année [aneh] |

# Tu parles français?

„Sprichst du Französisch?" Dieser Sprachführer hilft Ihnen, die wichtigsten Wörter und Sätze auf Französisch zu sagen

| | |
|---|---|
| Wie viel Uhr ist es? | Quelle heure est-t-il? [käl ör ät il] |
| Es ist drei Uhr | Il est trois heures [il ä troasör] |
| Es ist halb vier | Il est trois heures et demi [il ä troasör e dömi] |
| Viertel vor vier | quatre heures moins le quart [katrör moäng lö kar] |
| Viertel nach vier | quatre heures et quart [katrör e kar] |

## UNTERWEGS

| | |
|---|---|
| offen/geschlossen | ouvert [uwär]/fermé [färmeh] |
| Eingang/Einfahrt | entrée [angtreh] |
| Ausgang/Ausfahrt | sortie [ßorti] |
| Abfahrt/Abflug/Ankunft | départ [depahr]/départ [depahr]/arrivée [arriweh] |
| Toiletten/Damen/Herren | toilettes [toalett]/femmes [famm]/hommes [omm] |
| (kein) Trinkwasser | eau (non) potable [o (nong) potabl] |
| Wo ist ...?/Wo sind ...? | Où est ...? [u ä ...]/Où sont ...? [u ßong ...] |
| links/rechts | à gauche [a gohsch]/à droite [a droat] |
| geradeaus/zurück | tout droit [tu droa]/en arrière [ong arriähr] |
| nah/weit | près [prä]/loin [loäng] |
| Bus/Straßenbahn/ U-Bahn/Taxi | bus [büß]/tramway [tramwäi]/métro [mehtro]/taxi [takßi] |
| Haltestelle/Taxistand | arrêt [arrä]/station de taxi [ßtaßjong dö takßi] |
| Parkplatz/Parkhaus | parking [parking] |
| Stadtplan/[Land-]Karte | plan de ville [plang dö vil]/carte routière [kart rutjähr] |
| Bahnhof/Hafen/Flughafen | gare [gahr]/port [pohr]/aéroport [aeropohr] |
| Fahrplan/Fahrschein | horaire [orär]/billet [bije] |
| einfach/hin und zurück | aller simple [aleh ßämpl]/aller-retour [aleh rötuhr] |
| Zug/Gleis/Bahnsteig | train [träng]/voie [woa]/quai [käh] |
| Ich möchte ... mieten. | Je voudrais ... louer. [schö wudräh... lueh] |
| ein Auto/ein Fahrrad/ ein Boot | une voiture [ün woatür]/un vélo [äng weloh]/ un bateau [äng batoh] |
| Tankstelle | station d'essence [ßtaßjong deßangß] |
| Benzin/Diesel | essence [eßangß]/diesel [diesäl] |
| Panne/Werkstatt | panne [pann]/garage [garahsch] |

## ESSEN & TRINKEN

| | |
|---|---|
| Die Speisekarte, bitte. | La carte, s'il vous plaît. [la kart ßil wu plä] |
| Könnte ich bitte ... haben? | Puis-je avoir ... s'il vous plaît? [püischö awoar ... ßil wu plä] |
| Flasche/Karaffe/Glas | bouteille [buteij]/carafe [karaf]/verre [wär] |
| Messer/Gabel/Löffel | couteau [kutoh]/fourchette [furschät]/cuillère [küijär] |
| Salz/Pfeffer/Zucker | sel [ßäl]/poivre [poawr]/sucre [bükr] |

| | |
|---|---|
| Essig/Öl | vinaigre [winägr]/huile [üil] |
| Milch/Sahne/Zitrone | lait [lä]/crême [kräm]/citron [ßitrong] |
| kalt/versalzen/nicht gar | froid [froa]/trop salé [tro ßaleh]/pas cuit [pa küi] |
| mit/ohne Eis/Kohlensäure | avec [awäk]/sans [ßang] glaçons/gaz [glaßong/gaß] |
| Vegetarier(in) | végétarien(ne) [weschetarijäng/weschetarijänn] |
| Ich möchte zahlen, bitte. | Je voudrais payer, s'il vous plaît. [schön wudrä pejeh, ßil wu plä] |
| Rechnung/Quittung | addition [adißjong]/reçu [rößü] |

## EINKAUFEN

| | |
|---|---|
| Apotheke/Drogerie | pharmacie [farmaßi]/droguerie [drogöri] |
| Bäckerei/Markt | boulangerie [bulangschöri]/marché [marscheh] |
| Einkaufszentrum | centre commercial [ßangtre komerßial] |
| Kaufhaus | grand magasin [grang magasäng] |
| 100 Gramm/1 Kilo | cent grammes [ßang gramm]/un kilo [äng kilo] |
| teuer/billig/Preis | cher [schär]/bon marché [bong marscheh]/prix [pri] |
| mehr/weniger | plus [plüß]/moins [moäng] |
| aus biologischem Anbau | de l'agriculture biologique [dö lagrikültür bioloschik] |

## ÜBERNACHTEN

| | |
|---|---|
| Ich habe ein Zimmer reserviert. | J'ai réservé une chambre. [scheh reserweh ün schangbr] |
| Haben Sie noch ...? | Avez-vous encore ...? [aweh wusangkor ...] |
| Einzel-/Doppelzimmer/ Frühstück | chambre simple/double [schangbr ßämplö/dublö] petit déjeuner [pöti deschöneh] |
| Halbpension/Vollpension | demi-pension [dömi pangßjong]/pension complète [pangßjong komplät] |
| Dusche/Bad | douche [dusch]/bain [bäng] |
| Balkon/Terrasse | balcon [balkong] /terrasse [teraß] |
| Schlüssel/Zimmerkarte | clé [kleh]/carte magnétique [kart manjetik] |
| Gepäck/Koffer/Tasche | bagages [bagahsch]/valise [walis]/sac [ßak] |

## BANKEN & GELD

| | |
|---|---|
| Bank/Geldautomat/ Geheimzahl | banque [bangk]/guichet automatique [gischeh otomatik]/code [kodd] |
| bar/Kreditkarte | comptant [komtang]/carte de crédit [kart dö kredi] |
| Banknote/Münze | billet [bijeh]/monnaie [monä] |

## GESUNDHEIT

| | |
|---|---|
| Arzt/Zahnarzt/Kinderarzt | médecin [medßäng]/dentiste [dangtißt]/pédiatre [pediatrö] |
| Krankenhaus/Notfallpraxis | hôpital [opital]/urgences [ürschangß] |

# SPRACHFÜHRER

| | |
|---|---|
| Fieber/Schmerzen | fièvre [fiäwrö]/douleurs [dulör] |
| Durchfall/Übelkeit | diarrhée [diareh]/nausée [noseh] |
| Sonnenbrand | coup de soleil [ku dö ßolej] |
| entzündet/verletzt | enflammé [angflameh]/blessé [bleßeh] |
| Pflaster/Verband | pansement [pangßmang]/bandage [bangdahsch] |
| Salbe/Schmerzmittel | pommade [pomad]/analgésique [analschesik] |

## TELEKOMMUNIKATION & MEDIEN

| | |
|---|---|
| Briefmarke | timbre [tämbrö] |
| Brief/Postkarte | lettre [lätrö]/carte postale [kart poßtal] |
| Ich brauche eine Telefonkarte fürs Festnetz. | J'ai besoin d'une carte téléphonique pour fixe. [scheh bösoäng dün kart telefonik pur fiekß] |
| Ich suche eine Prepaidkarte für mein Handy. | Je cherche une recharge pour mon portable. [schö schärsch ün röscharsch pur mong portablö] |
| Wo finde ich einen Internetzugang? | Où puis-je trouver un accès à internet? [u püische truweh äng akßä a internet] |
| wählen/Verbindung/besetzt | composer [komposeh]/connection [konekßiong]/occupé [oküpeh] |
| Steckdose/Ladegerät | prise électrique [pris elektrik]/chargeur [scharschör] |
| Computer/Batterie/Akku | ordinateur [ordinatör]/batterie [battri]/accumulateur [akümülatör] |
| At-Zeichen | arobase [arobaß] |
| Internet-/E-Mail-Adresse | adresse internet/mail [adräß internet/mejl] |
| Internetanschluss/WLAN | accès internet [akßä internet]/wi-fi [wifi] |
| E-Mail/Datei/ausdrucken | mail [mejl]/fichier [fischjeh]/imprimer [ämprimeh] |

## ZAHLEN

| | | | |
|---|---|---|---|
| 0 | zéro [sero] | 17 | dix-sept [dißßät] |
| 1 | un, une [äng, ühn] | 18 | dix-huit [disüit] |
| 2 | deux [döh] | 19 | dix-neuf [dißnöf] |
| 3 | trois [troa] | 20 | vingt [väng] |
| 4 | quatre [katr] | 21 | vingt et un [vängtehäng] |
| 5 | cinq [ßänk] | 22 | vingt-deux [vängdöh] |
| 6 | six [ßiß] | 30 | trente [trangt] |
| 7 | sept [ßät] | 40 | quarante [karangt] |
| 8 | huit [üit] | 50 | cinquante [ßängkangt] |
| 9 | neuf [nöf] | 60 | soixante [soaßangt] |
| 10 | dix [diß] | 70 | soixante-dix [soaßangtdiß] |
| 11 | onze [ongs] | 80 | quatre-vingt [katrövang] |
| 12 | douze [duhs] | 90 | quatre-vingt-dix [katrövängdiß] |
| 13 | treize [träs] | 100 | cent [ßang] |
| 14 | quatorze [kators] | 1000 | mille [mil] |
| 15 | quinze [kähs] | ½ | un[e] demi[e] [äng/ühn dömi] |
| 16 | seize [ßähs] | ¼ | un quart [äng kar] |

# REISEATLAS

Die grüne Linie ▬ zeichnet den Verlauf der Ausflüge & Touren nach
Die blaue Linie ▬ zeichnet den Verlauf der Perfekten Route nach

Der Gesamtverlauf aller Touren ist auch in
der herausnehmbaren Faltkarte eingetragen

Bild: Niedermorschwihr

# Unterwegs im Elsass

**Die Seiteneinteilung für den Reiseatlas finden Sie auf dem hinteren Umschlag dieses Reiseführers**

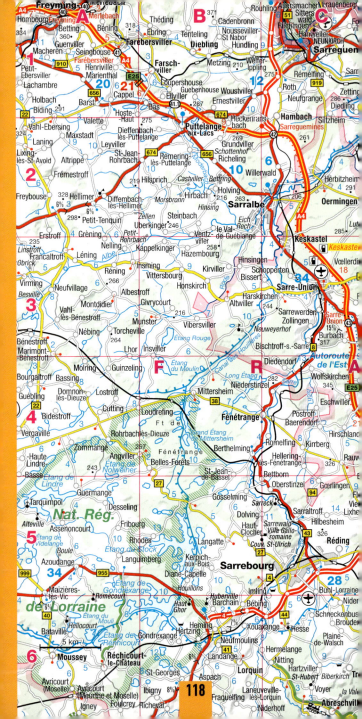

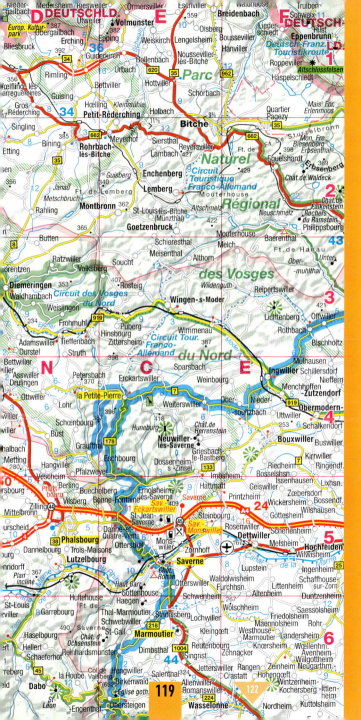

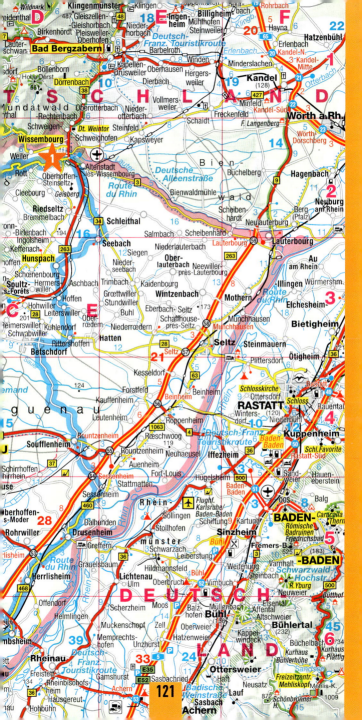

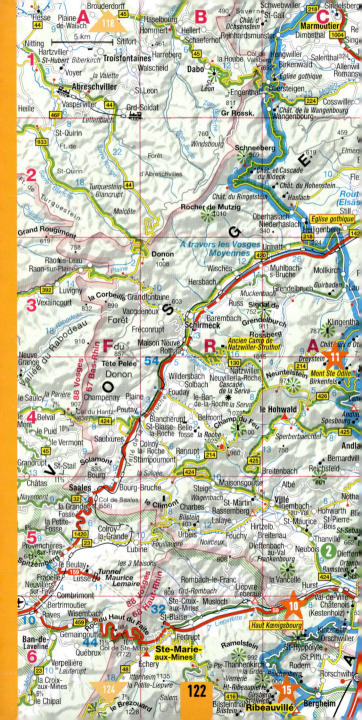

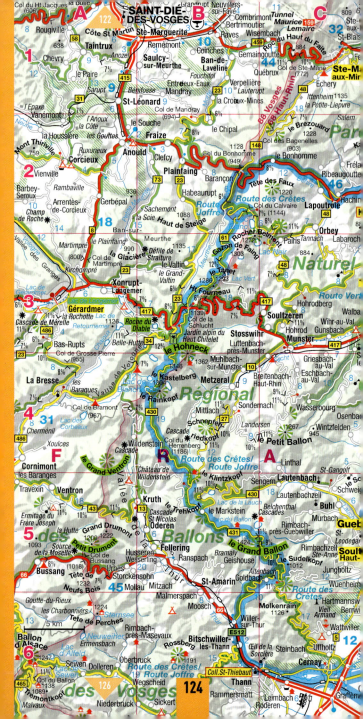

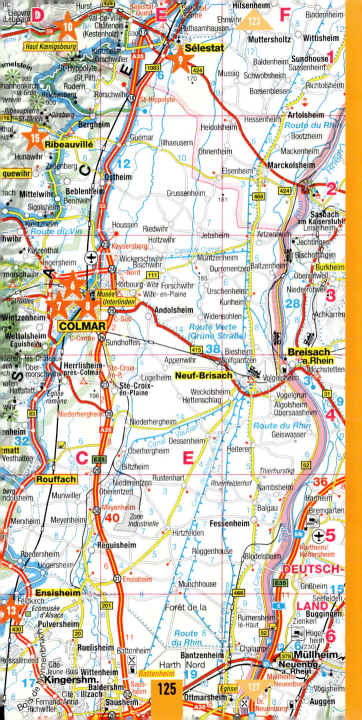

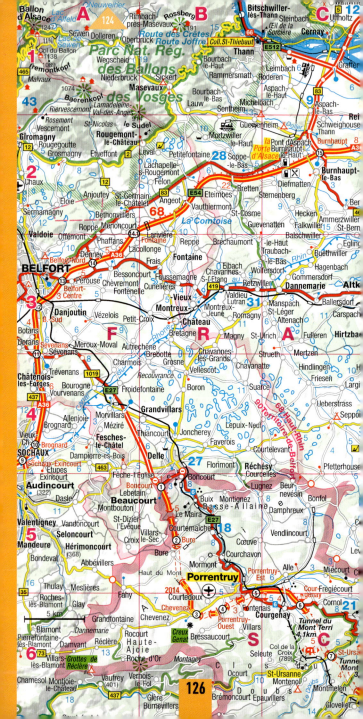

# KARTENLEGENDE

|  | |  |
|---|---|---|
| Autobahn mit Anschlussstelle und Anschlussnummern | Viernheim 45 · 45 · 56 · 24 · 12 | Motorway with junction and junction number |
| Autobahn in Bau mit voraussichtlichem Fertigstellungsdatum | Datum · Date | Motorway under construction with expected date of opening |
| Rasthaus mit Übernachtung · Raststätte | 🛏 Kassel · ✕ | Hotel, motel · Restaurant |
| Kiosk · Tankstelle | ▬ · ⛽ | Snackbar · Filling-station |
| Autohof · Parkplatz mit WC | 🚛 · P | Truckstop · Parking place with WC |
| Autobahn-Gebührenstelle | ▬▬▬■▬▬▬ | Toll station |
| Autobahnähnliche Schnellstraße | ═══════ | Dual carriageway with motorway characteristics |
| Fernverkehrsstraße | ─────── | Trunk road |
| Verbindungsstraße | ─────── | Main road |
| Nebenstraßen | ─── ─── | Secondary roads |
| Fahrweg · Fußweg | ─── ··· | Carriageway · Footpath |
| Gebührenpflichtige Straße | ········ | Toll road |
| Straße für Kraftfahrzeuge gesperrt | ─×─×─×─ | Road closed for motor vehicles |
| Straße für Wohnanhänger gesperrt | 🚐▶ ◀🚐 | Road closed for caravans |
| Straße für Wohnanhänger nicht empfehlenswert | 🚐▶ ◀🚐 | Road not recommended for caravans |
| Autofähre · Autozug-Terminal | 🚗═ ═🚗 | Car ferry · Autorail station |
| Hauptbahn · Bahnhof · Tunnel | ─●─ ─── | Main line railway · Station · Tunnel |
| Besonders sehenswertes kulturelles Objekt | ♪ Neuschwanstein | Cultural site of particular interest |
| Besonders sehenswertes landschaftliches Objekt | ✳ Breitachklamm | Landscape of particular interest |
| Ausflüge & Touren | ▭ | Trips & Tours |
| Perfekte Route | ▭ | Perfect route |
| MARCO POLO Highlight | ★ | MARCO POLO Highlight |
| Landschaftlich schöne Strecke | ▭ | Route with beautiful scenery |
| Touristenstraße | Hanse-Route | Tourist route |
| Museumseisenbahn | 🚂 🚃 | Tourist train |
| Kirche, Kapelle · Kirchenruine Kloster · Klosterruine | † ✗ † ✗ | Church, chapel · Church ruin Monastery · Monastery ruin |
| Schloss, Burg · Burgruine Turm · Funk-, Fernsehturm | ♪ ♪ ╹ ♪ | Palace, castle · Castle ruin Tower · Radio or TV tower |
| Leuchtturm · Windmühle Denkmal · Soldatenfriedhof | ⚑ ✗ ╹ ⊞ | Lighthouse · Windmill Monument · Military cemetery |
| Ruine, frühgeschichtliche Stätte · Höhle Hotel, Gasthaus, Berghütte · Heilbad | ∴ ∩ 🏠 ♨ | Archaeological excavation, ruins · Cave Hotel, inn, refuge · Spa |
| Campingplatz · Jugendherberge Schwimmbad, Erlebnisbad, Strandbad · Golfplatz | ⋀ ⋀ △ ▬ ⛳ | Camping site · Youth hostel Swimming pool, leisure pool, beach · Golf-course |
| Botanischer Garten, sehenswerter Park · Zoologischer Garten | 🌱 🦒 | Botanical gardens, interesting park · Zoological garden |
| Bedeutendes Bauwerk · Bedeutendes Areal | ■ ▣ | Important building · Important area |
| Verkehrsflughafen · Regionalflughafen | ✈ ✈ | Airport · Regional airport |
| Flugplatz · Segelflugplatz | ✈ ⌒ | Airfield · Gliding site |
| Boots- und Jachthafen | ⚓ | Marina |

# FÜR DIE NÄCHSTE REISE ...

## ALLE **MARCO POLO** REISEFÜHRER

### DEUTSCHLAND

Allgäu
Bayerischer Wald
Berlin
Bodensee
Chiemgau/
　Berchtesgadener
　Land
Dresden/
　Sächsische
　Schweiz
Düsseldorf
Eifel
Erzgebirge/
　Vogtland
Föhr/Amrum
Franken
Frankfurt
Hamburg
Harz
Heidelberg
Köln
Lausitz/
　Spreewald/
　Zittauer Gebirge
Leipzig
Lüneburger Heide/
　Wendland
Mecklenburgische
　Seenplatte
Mosel
München
Nordseeküste
　Schleswig-
　Holstein
Oberbayern
Ostfriesische Inseln
Ostfriesland/
　Nordseeküste
　Niedersachsen/
　Helgoland
Ostseeküste
　Mecklenburg-
　Vorpommern
Ostseeküste
　Schleswig-
　Holstein
Pfalz
Potsdam
Rheingau/
　Wiesbaden
Rügen/Hiddensee/
　Stralsund
Ruhrgebiet
Sauerland
Schwarzwald
Stuttgart
Sylt
Thüringen
Usedom
Weimar

### ÖSTERREICH SCHWEIZ

Berner Oberland/
　Bern
Kärnten
Österreich
Salzburger Land
Schweiz
Steiermark
Tessin
Tirol
Wien
Zürich

### FRANKREICH

Bretagne
Burgund
Côte d'Azur/
　Monaco
Elsass
Frankreich
Französische
　Atlantikküste
Korsika
Languedoc-
　Roussillon
Loire-Tal
Nizza/Antibes/
　Cannes/Monaco
Normandie
Paris
Provence

### ITALIEN MALTA

Apulien
Dolomiten
Flha/Toskanischer
　Archipel
Emilia-Romagna
Florenz
Gardasee
Golf von Neapel
Ischia
Italien
Italienische Adria
Italien Nord
Italien Süd
Kalabrien
Ligurien/Cinque
　Terre
Mailand/
　Lombardei
Malta/Gozo
Oberital. Seen
Piemont/Turin
Rom
Sardinien
Sizilien/Liparische
　Inseln
Südtirol
Toskana
Umbrien
Venedig
Venetien/Friaul

### SPANIEN PORTUGAL

Algarve
Andalusien
Barcelona
Baskenland/
　Bilbao
Costa Blanca
Costa Brava
Costa del Sol/
　Granada
Fuerteventura
Gran Canaria
Ibiza/Formentera
Jakobsweg/
　Spanien
La Gomera/
　El Hierro
Lanzarote
La Palma
Lissabon
Madeira
Madrid
Mallorca
Menorca
Portugal
Spanien
Teneriffa

### NORDEUROPA

Bornholm
Dänemark
Finnland
Island
Kopenhagen
Norwegen
Oslo
Schweden
Stockholm
Südschweden

### WESTEUROPA BENELUX

Amsterdam
Brüssel
Cornwall und
　Südengland
Dublin
Edinburgh
England
Flandern
Irland
Kanalinseln
London
Luxemburg
Niederlande
Niederländische
　Küste
Schottland

### OSTEUROPA

Baltikum
Budapest
Danzig
Krakau
Masurische Seen
Moskau
Plattensee
Polen
Polnische
　Ostseeküste/
　Danzig
Prag
Slowakei
St. Petersburg
Tallinn
Tschechien
Ukraine
Ungarn
Warschau

### SÜDOSTEUROPA

Bulgarien
Bulgarische
　Schwarzmeer-
　küste
Kroatische Küste/
　Dalmatien
Kroatische Küste/
　Istrien/Kvarner
Montenegro
Rumänien
Slowenien

### GRIECHENLAND TÜRKEI ZYPERN

Athen
Chalkidiki/
　Thessaloniki
Griechenland
　Festland
Griechische Inseln/
　Ägäis
Istanbul
Korfu
Kos
Kreta
Peloponnes
Rhodos
Samos
Santorin
Türkei
Türkische Südküste
Türkische Westküste
Zákinthos/Itháki/
　Kefalloniá/Léfkas
Zypern

### NORDAMERIKA

Alaska
Chicago und
　die Großen Seen
Florida
Hawai´i
Kalifornien
Kanada
Kanada Ost
Kanada West
Las Vegas
Los Angeles
New York
San Francisco
USA
USA Ost
USA Südstaaten/
　New Orleans
USA Südwest
USA West
Washington D.C.

### MITTEL- UND SÜDAMERIKA

Argentinien
Brasilien
Chile
Costa Rica
Dominikanische
　Republik
Jamaika
Karibik/
　Große Antillen
Karibik/
　Kleine Antillen
Kuba
Mexiko
Peru/Bolivien
Venezuela
Yucatán

### AFRIKA UND VORDERER ORIENT

Ägypten
Djerba/
　Südtunesien
Dubai
Israel
Jordanien
Kapstadt/
　Wine Lands/
　Garden Route
Kapverdische
　Inseln
Kenia
Marokko
Namibia
Rotes Meer/Sinai
Südafrika
Tansania/
　Sansibar
Tunesien
Vereinigte
　Arabische
　Emirate

### ASIEN

Bali/Lombok/Gilis
Bangkok
China
Hongkong/Macau
Indien
Indien/Der Süden
Japan
Kambodscha
Ko Samui/
　Ko Phangan
Krabi/Ko Phi Phi/
　Ko Lanta
Malaysia
Nepal
Peking
Philippinen
Phuket
Shanghai
Singapur
Sri Lanka
Thailand
Tokio
Vietnam

### INDISCHER OZEAN UND PAZIFIK

Australien
Malediven
Mauritius
Neuseeland
Seychellen

# REGISTER

Im Register sind alle in diesem Reiseführer erwähnten Orte und Ausflugsziele unter ihrem französischen Namen verzeichnet. Gefettete Seitenzahlen verweisen auf den Haupteintrag.

Alsace Bossue 12, **38**, **88**
Altkirch 86
Ammerschwihr 16
Andlau 16, **71**
Aubure 67
Avolsheim 59
Ban de la Roche 71
Barr 73
Beblenheim 31
Bellefosse 71
Bendorf 93
Benfeld 28
Berg 38
Bergheim 71
Bernstein 90
Betschdorf 28, 29, 30, **35**
Bœrsch 75
Boussingault 43
Bouxwiller 38
Breitenbach 97
Brumath 102
Cascade de l'Andlau 71
Cascade de la Serva 71
Château … s. unter dem Namen des Schlosses
Cléebourg 36, 42
Colmar 13, 14, 17, 31, **60**, 95, 102, 103, 108, 111
Cosswiller 18
Couronne d'Or 59
Dachstein 103
Dambach-la-Ville 88, **90**
Daubenschlagfelsen 38
Diedendorf 38
Dieffenbach 91
Diemeringen 89
Domfessel 90
Donon 75
Ebersmunster 30, **72**
Écomusée d'Alsace 31, **82**
Eguisheim 65, 71, 91, **92**, 103, 104
Ferrette 86, **93**
Fleckenstein **43**, **98**
Fouday 71, 96
Four à Chaux 43
Gaschney 74
Geispolsheim 59
Glaserberg 93
Grand Ballon 12, 31, 84
Graufthal 30, **39**
Grotte Saint-Vit 38
Guebwiller 31, **82**, 102
Gunsbach **67**, 74
Hageneck 104
Haguenau 28, **32**, 36, 102
Hartmannswillerkopf 74, 87
Haut-Barr 38
Haut-Kœnigsbourg 21, 30, **72**, 100
Heimersdorf 86
Herrlisheim 104
Hirsingue 86
Hirtzbach 86
Hochfelden 18, **39**
Hœrdt 102
Hohenpfirt 86
Hohneck 12, 31
Hunawihr 101
Huningue 14, **83**, 86
Hunspach 30, **43**
Husseren-Wesserling 85
Illhaeusern 27, **72**, 97
Judenhut 84
Katzenthal 16
Kaysersberg 31, **65**, 97, 103
Kirrwiller 39
Klingenthal 74
Kochersberg 85
Kronthal 97
Kruth 23
Kutzenhausen 43
Lac Blanc 31, 96, 100
Lac du Wildenstein 84
Lalargue 96
Lalaye 17
Landskron 86
Lautenbach **83**, 111
Lautenbachzell 83
La Vancelle 75
Le Climont-Urbeis 75
Le Hohneck 12, 31
Le Markstein **83**, 94
Lembach 43, 96
Leutenheim-Kœnigsbruck 35
Lingenkopf-Hohrodberg 74
Lorentzen 88, 90
Lucelle 86
Luttenbach 67
Lutzelbourg 96
Maison Rurale de l'Outre-Forêt 43
Markstein **83**, 94
Marlenheim 59, 96, 100, 103
Marmoutier 40
Meisenthal 40
Merkwiller-Pechelbronn 43
Mittelbergheim 73
Mitzach 71
Molsheim 74
Montagne des Singes 72
Mont Sainte-Odile 30, **73**, 101
Mont Saint-Michel 38, 103
Morsbronn-les-Bains 99
Mulhouse 13, 22, 23, 31, **76**, 86, 101, 102, 108, 111, 132
Munster 67
Murbach 84
Mur Palen 101
Muttersholtz 17, 70, 72
Mutzig 20
Natzwiller-Struthof 75
Neuf-Brisach 19
Neuwiller-lès-Saverne 40
Niederbronn-les-Bains 97
Niedermorschwihr 91, **93**, 116
Nordheim 59
Obernai **74**, 97, 103
Oltingue 93
Ortenbourg 90
Ostwald 56, 97
Ottrott 74
Ouvrage de Schœnenbourg 43
Parc de Wesserling 85
Petite Camargue Alsacienne 85
Plan Incliné 40
Ramstein 91
Rathsamhausen 70
Ratzwiller 88
Rhein-Marne-Kanal 96
Rhinau 100, 108
Rhodes 99
Ribeauvillé 11, 17, **66**, 103
Riedisheim 86
Riquewihr 67
Rixheim 84
Rocher des Celtes 91
Rosheim 96
Rouffach 102
Route des Crêtes 31, **85**
Route Joffre 85
Sainte-Marie-aux-Mines 21, **75**
Saint-Jean-Saverne 103
Saint-Louis Arzviller 40
Saverne 30, **36**, 111
Scharrachbergheim 59
Schiltigheim 102, 103
Schirmeck 71, **75**
Schœnenbourg 43
Seebach 30, **43**, 103
Sélestat 30, 60, **68**, 100, 103
Sentier des Passeurs 74
Sentier des Roches 68
Sessenheim 30, **35**
Siewiller 38
Soufflenheim 28, 29, 30, **35**, 96
Soultz-Haut-Rhin 85

# IMPRESSUM

Soultzmatt 87
Strasbourg 11, 13, 14, 15, 16, 18, 21, 22, 23, 27, 29, 30, **44**, 94, 95, 96, 97, 100, 102, 103, 106, 107, 108, 109, 110, 111, 132
Struthof 75
Sundgau 12, 26, 76, **86**, **93**, 96, 110
Thann 31, 85, **86**
Thannenkirch 72
Thierenbach 87
Traenheim 59

Turckheim **67**, 71, 93
Ungersheim 31, 82
Uttenhoffen 36
Val d'Argent 75
Vallée de la Bruche 71, 74, **75**
Vallée de Munster **67**, 69, 74, 92, 94
Vallée de Ville 75
Vallée Noble 87
Vieil-Armand 87
Vieux-Ferrette 86
Vœllerdingen 90
Volerie des Aigles 72

Waldhambach 89
Wasselonne 103
Wasserbourg 92
Wattwiller 86
Westhalten 87
Westhoffen 59
Westhouse 75
Wihr-au-Val 92
Wineck 93
Wingen-sur-Moder 40
Winkel 93
Wissembourg 30, **41**, 103, 108
Wolxheim 59

# SCHREIBEN SIE UNS!

**SMS-Hotline: 0163 6 39 50 20**
Egal, was Ihnen Tolles im Urlaub begegnet oder Ihnen auf der Seele brennt, lassen Sie es uns wissen! Ob Lob, Kritik oder Ihr ganz persönlicher Tipp – die MARCO POLO Redaktion freut sich auf Ihre Infos.
Wir setzen alles dran, Ihnen möglichst aktuelle Informationen mit auf die Reise zu geben. Dennoch schleichen sich manchmal Fehler ein – trotz gründ-

**E-Mail: info@marcopolo.de**
licher Recherche unserer Autoren/innen. Sie haben sicherlich Verständnis, dass der Verlag dafür keine Haftung übernehmen kann. Kontaktieren Sie uns per SMS, E-Mail oder Post!

MARCO POLO Redaktion
MAIRDUMONT
Postfach 31 51
73751 Ostfildern

**IMPRESSUM**
Titelbild: Colmar (Getty Images: F1online (fotosol))
Fotos: P. Cames (1 u.); W. Dieterich (2 o., 2 M. u., 3 o., 3 M.), 4, 24/25, 26 l., 26 r., 27, 28, 28/29, 29, 32/33, 48, 56, 60/61, 62, 68, 76/77, 83, 106 u., 107); DuMont Bildarchiv: Kirchgessner (2 M. o., 8, 9, 30 l., 72, 94/95), Kirchner (Klappe l., Klappe r., 22, 30 r., 37, 42, 46, 65, 84, 101, 106 o.); R. Freyer (5, 12/13, 15, 34, 50/51, 54, 78, 87, 98/99, 102, 102/103, 116/117); Getty Images: F1online (fotosol) (1 o.); © iStockphoto.com: Chris Johnson (16 o.); Fabrice Krencker: Agnes Krencker (17 u.); Laif: Galli (73), Heeb (18/19), hemis.fr (Kauffmann) (91); Kirchner (39, 40, 60/67), Linke (2 u., 44/45, 75, 96), REA (Maigrot) (3 u., 7, 80, 88/89), REA (Rolle) (21), Westrich (6, 92); La Péniche Vota (17 o.); LéO Production: Philippe Paret (16 u.); mauritius images: age (10/11), Alamy (53, 103); Vignoble Klur (16 M.)

**13., komplett neu erstellte Auflage 2013**
© MAIRDUMONT GmbH & Co. KG, Ostfildern
Chefredaktion: Michaela Lienemann (Konzept, Chefin vom Dienst), Marion Zorn (Konzept, Textchefin)
Autor: Pascal Cames; Redaktion: Nikolai Michaelis
Verlagsredaktion: Anita Dahlinger, Ann-Katrin Kutzner, Nikolai Michaelis
Bildredaktion: Stefan Scholtz, Gabriele Forst
Im Trend: wunder media, München
Kartografie Reiseatlas: © MAIRDUMONT, Ostfildern; Kartografie Faltkarte: © MAIRDUMONT, Ostfildern
Innengestaltung: milchhof:atelier, Berlin; Titel, S. 1, Titel Faltkarte: factor product münchen
Sprachführer: in Zusammenarbeit mit Ernst Klett Sprachen GmbH, Stuttgart, Redaktion PONS Wörterbücher
Das Werk einschließlich aller seiner Teile ist urheberrechtlich geschützt. Jede urheberrechtsrelevante Verwertung ist ohne Zustimmung des Verlags unzulässig und strafbar. Das gilt insbesondere für Vervielfältigungen, Übersetzungen, Nachahmungen, Mikroverfilmungen und die Einspeicherung und Verarbeitung in elektronischen Systemen.
Printed in China

# BLOSS NICHT

**Auch im Elsass gibt es Dinge, die Sie besser vermeiden**

### OHNE KARTE ODER NAVI

Statt Landpartie Labyrinth: Gerade auf dem Land sollten Sie sich nicht blind auf die Beschilderung verlassen. Es kann gut passieren, dass ein Ort erst ausgeschildert ist und danach nicht mehr. Landkarte und/oder Navi gehören in jedes Auto.

### ZUR FALSCHEN ZEIT AUF DIE AUTOBAHN

Straßburg brummt. Jeden Morgen fahren Tausende Pendler aus dem Umland in die Stadt und stehen im Stau. Fahren Sie nach 9 Uhr oder, noch besser, gleich mit dem Zug oder Bus.

### SORGLOS IM FALSCHEN STADTVIERTEL UNTERWEGS

Nicht nur Paris hat seine Probleme mit den *banlieues* (Vorstädten), sondern auch die beiden Großstädte Mulhouse und Straßburg. In Mulhouse sollten Sie als Tourist Bourtzwiller, in Straßburg Neuhof, Elsau und Cronenbourg meiden. Und auch das Auto dort nicht abstellen!

### GLEICH AUF DEUTSCH LOSPLAPPERN

„Haben Sie noch einen Platz frei?", „Sprechen Sie Deutsch?" Wer im Elsass gleich auf Deutsch mit der Tür ins Haus fällt, verletzt den Anstand. Die Regeln sind einfach: Erst mal *bonjour* sagen und mit ein paar Brocken Französisch beginnen – der Rest ergibt sich meist von allein. Und auch wenn Sie sich zu Recht über etwas ärgern: Sprechen Sie nicht über anwesende Personen. Auch wenn diese erkennbar kein Deutsch sprechen – verstehen tun sie es meist doch.

### ZU SCHNELL IN DIE ORTSCHAFTEN RASEN

Gerade die „Kuhdörfer" haben am Ortseingang Bodenwellen *(ralentisseurs)*, manchmal sogar mehrere hintereinander, und dann auch noch ziemlich hohe Exemplare davon. Wer mit 70 in den Ort brettert, rast in den Achsenbruch.

### NACKT IN DIE SAUNA

Gar nicht ungezwungen-leger geht es in der Sauna zu. Die skandinavische Saunakultur findet in romanischen Ländern keinen Anklang. Darum: niemals nackt! When in Rome, do as the Romans do – diese Regel gilt erst recht in der Sauna.

### SCHLECHT AUSGERÜSTET IN DIE BERGE

Auch bei scheinbar eindeutig schöner Wetterlage kann schnell ein Gewitter heraufziehen. Brechen Sie darum nur mit den üblichen Wanderutensilien in die Hochvogesen auf: warme Jacke, festes Schuhwerk, Regenschutz, Essen und Trinken, Handy sowie Karte oder Navi. Und auf keinen Fall bei Gewitter über die baumlosen Weiden der Vogesen wandern. Als höchster Punkt auf weiter Flur sind Sie dort für einen Blitzeinschlag prädestiniert.